YO NO HUYO CUANDO CORRO

JOSÉ M. GARCÍA-MILLARIEGA.

© YO NO HUYO CUANDO CORRO.
© José Manuel García-Millariega, 2013.
ISBN 978-84-939789-4-5

Deposito Legal: AS-04213-2012.

Diseño de portada, contraportada y página de colaboradores: Guzmán Menéndez.

Resto de fotos, cortesía de Felipe Villazán.

Dedicatoria:

A Guzmán Menéndez, una buena persona.

A la red social Esportate.

A Cajastur, cuyo respaldo en otras dos obras anteriores fue esencial para darme a conocer.

A Margarita Alonso de la Torre Sánchez que me ayudó incansablemente en el formateo de otros dos libros.

A las firmas que patrocinan este trabajo, con profundo agradecimiento.

Y, por supuesto, a los protagonistas que aportaron sus experiencias:

Beatriz López Novo:

'Mira dentro de ti y sabrás hasta dónde eres capaz de llegar'

Demetrio Álvarez Cómez:

'¡Qué placer poder ayudar a otros a través de mi pasión de correr!'.

Fernando Quintana:

'La meta más importante de la vida es conseguir morir en paz con uno mismo'.

Antonio Madriñán:

'Genéticamente incansable'.

Este hermoso libro ve la luz gracias a la generosidad de estos patrocinadores. No resulta fácil que unas firmas comerciales financien una obra literaria, lo que viene a demostrar que todavía uno puede encontrar a personas buenas por el mundo y a entidades comprometidas con el deporte y la cultura. Mi profundo agradecimiento y, sin duda, el de los lectores y lectoras.

Vichy Catalán siempre ha sido una sociedad modélica y altruista, que me ayudó inicialmente en el ultrafondo cuando era un desconocido. Por eso, cualquier éxito que haya cosechado a lo largo de mis 30 carreras de 100 kilómetros y otras de 24 y 48 horas se lo debo en gran parte a este grupo empresarial, cuya magnífica agua carbonatado me ayudó a mantener niveles altos de rendimiento en los entrenamientos y en las competiciones. Además ahora colabora conmigo para que mis experiencias puedan llegar al público.

Alvemaco Rentacar es una empresa presente en toda España y cuyas raíces están al lado de las mías.

También fue muy grande la ayuda de Pharmadiet con mis proyectos y realidades a lo largo del tiempo. Gracias a sus excelentes productos deportivos logré mantener una alta vitalidad y optimizar el esfuerzo en las largas distancias.

Un periódico para todos.

226ERS

La única marca creada por y para los amantes de los deportes de ultraresistencia. Confía en nuestra experiencia: FEED YOUR DREAMS.

En Lihu decorando Vidas: al igual que en el deporte, el reto más importante no es aquel que hemos conseguido, sino el que nos queda por conseguir.

Índice

INTRODUCCIÓN 9

ATRAPADO 15

LA MADRE 40

EL INGENUO 55

LA MISIÓN 79

EL SUPERVIVIENTE 99

LA MALDAD 115

EL ESTIGMA 138

EL ALTRUISMO 155

ATORMENTADO 171

LA IGNOMINIA 192

LA CARTA 210

<...De esa manera vengo a descubrir esta ley: queriendo hacer el bien, se me presenta el mal. Porque de acuerdo con el hombre interior, me complazco en la Ley de Dios, pero observo que hay en mis miembros otra ley que lucha contra la ley de mi mente y me ata a la ley del pecado que está en mis miembros. ¡Ay de mí!, ¿quién podrá librarme de este cuerpo que me lleva a la muerte?. ¡Gracias a Dios, por Jesucristo, nuestro Señor!. En una palabra: con mi mente sirvo a la Ley de Dios, pero con mi carne sirvo a la ley del pecado...> (Romanos: 7:21-25).

INTRODUCCIÓN

Este libro contiene a lo largo de sus once capítulos historias entrañables, conmovedoras y sublimes, pero también otras despiadadas. Lo que sí puedo garantizar al lector es que no se va a aburrir con ninguna de ellas, aunque no estoy en condiciones de asegurarle que algunas no vayan a destrozar sus sentimientos. Este es sin duda un libro que repasa --quizás de forma un tanto inclemente-- alguno de los problemas más candentes de la sociedad actual., tales como las relaciones de pareja, la desesperación del presidiario, la ingenuidad enfrentada a la malicia, el egoísmo frente al altruismo, el cáncer como compañero de viaje, la desconsideración hacia el prójimo, las enfermedades estigmatizadoras, el acoso laboral, el drama de la inmigración o la violencia de género…Esos son algunos de los retos a los que se enfrentará el lector a lo largo de estas páginas noveladas, pero basadas también en hechos históricos y reales. Al ser yo corredor de largas distancias he pretendido acceder a lo más recóndito de estos dilemas a través de la mente y utilizando el pensamiento introspectivo en la soledad del corredor de fondo, para llegar a través de esa reflexión mental a un resultado concluyente que dará un giro a la vida de los protagonistas, ayudándoles a encontrar tal vez un camino, puede que no tan bueno como ellos desearían, pero sí al menos la visión de una luz al final del túnel. Así pues, si la intriga les corroe, queridos lectores y lectoras, no tendrán más remedio que concluir el viaje que han iniciado con la lectura de este prefacio.

José M. García-Millariega nació en un pequeño pueblo del municipio asturiano de Tineo hace 59 años. Tras terminar la escuela primaria empezó a cursar bachiller, pero enfermó gravemente, sufriendo una operación pulmonar y viéndose obligado –por prescripción médica-- a dejar los estudios 'sine die'. Tras ayudar a sus padres en un negocio familiar, trabajó posteriormente en la quinta planta de un pozo minero y más tarde en las carreteras y en los ferrocarriles.

Hace ahora 28 años tomó la decisión de retomar los estudios y comenzar a correr, al igual que su esposa Hilda. A partir de ese momento, ambos compaginarían el trabajo, las aulas, los entrenamientos y la competición durante mucho tiempo.

Más tarde Millariega estudió formación profesional administrativa y aprobó el examen de acceso a la Universidad de Oviedo, para cursar Derecho, matriculándose sin embargo en la carrera de Graduado Social, que terminó en Madrid, lugar donde después --en la

Universidad Politécnica-- se especializaría en varias áreas de Derecho del Trabajo. Por esa época también aprobó la oposición al cuerpo de Correos, aunque en la actualidad es funcionario de la Delegación del Gobierno en el Principado de Asturias.

Dado su interés por el deporte cursó después los estudios de Monitor Nacional de Atletismo y Maestro de Educación Física, estos últimos en la Universidad de Oviedo. Además se diplomó en Periodismo, a través de una institución extranjera, siendo durante muchos años corresponsal de la prensa asturiana y realizando muchos reportajes de perfil humano. Más tarde se licenciaría en Ciencias del Trabajo en la Facultad de Ciencias Económicas y Empresariales de la Universidad de Oviedo.

Siempre le resultó muy difícil estudiar y correr largas distancias a la vez, ya que se vio obligado a incardinar durante muchos años la formación universitaria --y otros estudios complementarios-- con los extenuantes entrenamientos para competir en el ultrafondo, lo que le dejaba muy poco tiempo libre para sus actividades cotidianas y --aún más-- le limitaba demasiado la actividad intelectual, debido a la dureza de las sesiones de acondicionamiento.

En el plano deportivo, pese a ser un corredor popular tardío, participó en cientos de pruebas de todas las distancias por España y en el extranjero, completando más de 30 maratones, con un mejor tiempo de 2 horas, 46 minutos y 52 segundos. Además terminó 30 pruebas oficiales en ruta de 100 kilómetros --muchas de ellas en Francia-- con registros dispares, aunque en once de esas 'Cien' consiguió tiempos entre las 8 horas 37 minutos y las 8 horas 40. También superó con éxito en seis ocasiones las 24 horas, la mayoría de las veces también en Francia. Asimismo participó en las 48 Horas de Köln (Alemania), donde fue séptimo. En el 2001 fue seleccionado --con el dorsal 23-- entre 500 atletas de todo el mundo para tomar parte en la 'Spartathlon', una de las carreras más duras del mundo, pero una compañía aérea extravió su equipaje sufriendo un sinfín de peripecias y siendo descalificado cerca del kilómetro 170. De la aventura escribió un libro, 'Odisea en Grecia: tras las huellas de Filípides', editado por 'Cajastur' en el año 2005.

Representó a Asturias y Cantabria en el europeo de países celtas, compitiendo en Clèder (Francia) con Bretaña, País de Gales, Escocia y otras regiones afines. Dos veces hizo corriendo el trayecto Oviedo-Covadonga, el 'Día de Asturias' --8 de septiembre-- para llevar ofrendas de las autoridades del Principado a 'La Santina', que se encuentran depositadas en la Basílica de Covadonga. En la tercera ocasión en que realizó ese recorrido --casi cien kilómetros-- escogió el mes de octubre --menos caluroso-- y no se detuvo en Covadonga, sino que además ascendió y coronó el último de los Lagos.

También fue marchador, aunque sin demasiado éxito, consistiendo su mayor logro ser campeón de Asturias en ruta sobre 10 kilómetros en su categoría. En el año 2001 fue galardonado por las autoridades deportivas del Principado de Asturias, en cuyo acto el 'Club de Campo de La Fresneda' le dedicó la 'Milla del Ultrafondista', para recordar el circuito por el que entrenaba --hace ya veinte años-- durante muchas horas en solitario, acondicionándose para las largas pruebas en las que participaba, milla en la que todos los años se han venido celebrando las ya famosas '24 Horas Running Race'.

Ha recibido numerosos reconocimientos y distinciones, entre ellos la insignia de plata del Ayuntamiento de Siero, su municipio de residencia. Recientemente ha publicado otros libros: 'Historias de la Maratón, los 100 km. y otras largas distancias' (Cajastur, Oviedo, 2011) y 'Cuando una carrera cambió mi vida' (United Pc, Palma de Mallorca, 2012), 'Por qué te parezco tan raro si lo único que hago es correr' (Amazon, EE.UU., septiembre de 2013) y 'Aunque corro 100 kilómetros no soy tan raro como crees' (ViveLibro, Madrid, 2013).

ATRAPADO

Yo solo deseaba correr un poco y Julia era insaciable. Me atrapaba en su tela de araña de grandes pretensiones, lujos y extravagancias. Y mi sueldo de funcionario no daba para nada. Por eso había tenido que emplearme en una academia privada dando clases de Derecho a opositores. Cuando llegaba a casa todos los días eran más de las nueve de la tarde y estaba molido. Lo que más ansiaba era calzarme las zapatillas de deporte y salir a correr por un lugar solitario, para desprenderme de toda la carga mental que se había ido cebando en mí a lo largo del día. Para sudar y expulsar por los poros una parte de la inmundicia de mi cuerpo, sobre todo la cafeína que ingería en exceso, pero de la que no podía prescindir sin correr el riesgo de dormirme en el centro de estudios ante aquellos alumnos y alumnas preguntones, que pagaban un buen precio por las explicaciones y a los que había que dar cumplida satisfacción a sus requerimientos, que no eran otros que los de obtener un trabajo al servicio del Estado, lo más seguro por aquellos tiempos, antes de que la recesión que se inició con la caída del gigante Lehman Brothers acabara con casi todas las expectativas de ser un servidor público.

Pero allí estaba Julia, con sus 26 flamantes años y sus senos frutales, tentadores, incitadores, recibiéndome con una sonrisa que nunca llegué a descifrar y hablándome de sus trivialidades diarias en el despacho de abogados donde trabajaba, de sus compras, de alguna de las mejoras que debíamos llevar a cabo en la casa o de la próxima comida con nuestros insoportables amigos Pascual y Laura. Todos los días reproducíamos el mismo ritual: el anuncio de la llegada por mi parte, la contestación en la lontananza del salón o la cocina y el posterior encuentro, con el beso escueto, la sonrisa que nunca logré interpretar y el calor de sus senos firmes y dominantes. Yo siempre le dejaba caer mi intención de salir a correr un rato, pero ella fruncía el ceño y me alertaba de que si me descuidaba se haría muy tarde para cenar y acostarse a una hora prudencial. Quizás no le faltase razón y por eso en muchas ocasiones reprimía ese deseo imperioso. Así que la mayoría de las veces al poco tiempo de yo llegar a casa nos sentábamos a la mesa y nos contábamos las banalidades de todos los días, entre las que destacaban sus preguntas de cómo había ido mi trabajo, para cuándo ocuparía un puesto mejor y cuándo llegaría el día en que ganaría más dinero. Era un tema recurrente al que llegábamos casi por desidia, porque no había mucho de qué conversar. Yo siempre le decía que no era fácil progresar demasiado en las oficinas del Gobierno, que siempre en esos estamentos los salarios habían sido menores que en las empresas privadas y que precisamente por ello me había tenido que colocar dando clases de leyes a aspirantes desencantados del mundo y a la vez ansiosos por convertir pronto esa frustración en algo provechoso en un sector por aquel entonces más estable, como era la Administración Pública. Pero ella se mantenía en sus trece y mientras sorbía el vino con placer me recomendaba que me formase más, que adquiriera nuevos conocimientos. Yo le preguntaba cuándo podría hacerlo, pues tenía 28 años y me había pasado media vida en la Universidad estudiando dos carreras. 'Pues mira, seguro que encuentras algún hueco a lo largo del día: hace más el que quiere que el que puede...', sentenciaba Julia sin perder la sonrisa mientras tomaba los trocitos de atún con la lechuga y los sorbitos del vino tinto.

La suya era una propuesta descabellada, porque todo hombre puede hacer ciertas cosas hasta un límite y yo estaba a punto de cruzar esa línea sin retorno. Sin embargo a todo le decía que sí, porque la quería. No podría vivir sin su compañía, sin su coquetería, sin su cuerpo inflamado de pasión cuando se entregaba a mí sin reservas. Pero al mismo tiempo me agobiaba con sus pretensiones prepotentes. Nada la saciaba, nunca tenía bastante. Habíamos cambiado de casa y a mi no me importó. Muy al contrario fue un sacrificio económico que soporté con gusto, porque siempre es agradable tener un nuevo y cómodo hogar, aunque sea a costa de un préstamo exorbitante. Lo que más me molestaba era su manía de relacionarse con gente con la que no teníamos nada en común, como no fuera el vaciado de nuestros bolsillos en costosas cenas o vacaciones que no nos podíamos permitir. O su manía de poseer un coche de gama alta, simplemente para no estar por debajo de la refinada Laura. Pero todo se iba solucionando con mi pluriempleo y su sueldo de pasante, pues qué duda cabe que las tres ocupaciones dejaban a fin de mes un suculento botín, aunque poco a poco se fuera desinflando con los numerosos pagos que había que hacer y los imprevistos a los que estaba sometida mi querida Julia, pues era un peligro para cualquier economía doméstica cuando se hallaba a su libre albedrío por los bulevares, ya que existía una gran probabilidad de que cualquier cachivache que se mostrara en un escaparate —por escasa utilidad que tuviera— pudiera resultar de su antojo.

Yo había sido corredor de maratón. No de los buenos, pero sí de esos que consiguen completar los 42 kilómetros y 195 metros en menos de tres horas, que no estaba nada mal para un aficionado. Antes de casarme participaba en muchas carreras populares y entrenaba con intensidad al menos una hora al día, dedicando a esa pasión un poco más de tiempo los fines de semana. Me servía para pensar y solucionar problemas. Cuando los sábados o domingos me perdía por las carreteras o el campo en solitarias cabalgadas de dos o más horas regresaba siendo un hombre nuevo y teniendo una visión distinta del mundo. Puede que al principio me costase un poco ponerme en marcha, empezar a correr, pero el secreto estaba en no angustiarse y cargarse de presión en los primeros momentos, sino que, por el contrario, empezar a trotar muy despacio, consciente de que todo movimiento comenzaba con un paso y tras aquel otro y muchos más. Porque al cabo de no demasiado tiempo el cuerpo ya iniciaba los ajustes necesarios y podías sentir el efecto de la liberación de las endorfinas. Entonces era el momento en el que la gran amalgama de pensamientos llegaba al cerebro como las aguas de un torrente. Ideas felices y desgraciadas. Reflexiones positivas y negativas. Es decir, lo bueno y lo malo –tal vez lo justo y lo injusto-- del entorno en que te movías, de tu vida en definitiva. Las representaciones mentales que contenían episodios favorables --cuando las cosas te habían salido bien o el éxito te sonreía— se esfumaban rápidamente, quedando asentadas las preocupaciones. Como queriendo meter más el dedo en la llaga, hurgando en la herida, produciendo una corrosión mental que te conducía al desasosiego. Pero hasta eso era bueno. Porque no había mejor lugar para intentar solucionar esos ineludibles dilemas que cuando uno estaba corriendo. Yo había adquirido una técnica para enfrentarme adecuadamente a esas dificultades que se te presentaban diariamente y que después emergían en pleno esfuerzo, una especie de recurso propio que en muchas ocasiones me había dado buen resultado. Así que tenía mucha confianza en esa panacea personal. Cuando todos los efluvios mentales reconfortantes se iban diluyendo y sedimentaban en la cabeza las contrariedades ya no me quedaba otro remedio --mientras corría— que ocuparme de ellas, sencillamente porque solo tenía en la mente esos nefastos despojos del pensamiento. Y entonces ¿cómo actuaba?. Muy sencillo: me dedicaba a buscarles una respuesta. Hacía lo mismo que Will Kane (Gary Cooper) en 'Solo ante el peligro': plantarles cara, a no ser que deseara que los mismos me persiguieran hasta la tumba. Y como digo había desarrollado una forma de hacerlo, consciente de que todo atolladero tiene una salida, aunque ésta no sea la que deseamos. Así que asumía la solución más adversa del asunto y la interiorizaba, convenciéndome de que debía aceptar sus consecuencias. Si eso era lo peor y podría realmente ocurrir, ¿por qué seguir preocupándome entonces?. Cualquier cosa que sucediera sería más ventajosa. Es decir: desmenuzaba el rompecabezas y, aunque no consiguiera recomponerlo, sí lograba recolocar sus piezas. Cuando retornaba a mi casa casi siempre albergaba ideas claras y sabía qué camino tomar, ya fuere éste mejor o peor. Pero eso solo era capaz de hacerlo así cuando corría....

Julia tenía los rasgos de una actriz de cine. Los ojos de almendra destacaban en su cara bien formada como dos inmensas luciérnagas, siempre vivarachos y penetrantes, sin que ningún detalle se les escapase a su alrededor. Parecían puestos a pinceladas en su piel sensual y tersa, ligeramente morena y cálida. Cuando dejaba resbalar su cabello negro -- cual corcel desbocado-- sobre la espalda y mostraba sus labios carnosos podía encender pasiones escondidas. No era muy alta, pero su busto perfecto concordaba con unas piernas torneadas que invitaban a obscenidades cuando la falda se le escurría en una silla y dejaba entrever más de la cuenta sus muslos esculturales.

Cuando me acercaba a ella mi respiración se entrecortaba y el corazón me latía con más fuerza, embriagado por sus fragancias y atribulado por su voluptuosidad. Era el momento en que le perdonaba cualquier veleidad, cualquier frivolidad, porque lo cierto es que no era capaz de imaginármela en manos de otro hombre. Yo la amaba y no había sensación que lograse igualar la pasión que aquella excitante mujer encendía en mí cuando me besaba y apretaba su cuerpo contra el mío. ¿Sentiría ella lo mismo?. Aparentemente nada me hacía sospechar lo contrario, aunque siempre supe que su mundo distaba mucho del mío. No era un iluso y sabía que nunca lograría desentrañar su universo interior, aunque cuando en la intimidad de la alcoba

--galopando sin compasión sobre mí en el lecho-- me jurara que sentía un placer infinito.

Yo sólo tenía dos años más que ella, mis facciones estaban bien proporcionadas y mi cuerpo atlético guardaba cierto parangón con el del atleta finlandés Hannes Kolemainen, el ganador de la maratón olímpica de los Juegos de 'Amberes 1920', como me había dicho en una ocasión un entrenador, afinidad de la cual yo --al ser corredor de maratón también-- me encontraba muy orgulloso, hasta el punto de que ese parecido –difundido también por mí en tono jocoso-- había llevado a mis compañeros de trabajo a llamarme 'Kole', aunque mi verdadero nombre era Narciso. Pero ya todo el mundo me conocía por 'Kole' y hasta Julia --que nunca le había gustado como me llamaba, pues odiaba los sustantivos vulgares— utilizaba con frecuencia ese sobrenombre. En ocasiones, cuando más cariñosa se encontraba, llegaba hasta a hablar de 'Kolín' cuando se refería a mí, lo cual me desagradaba en cierta medida, sobre todo en público, por aquello de que alguien pudiera asimilar la familiar expresión a una supuesta carencia sexual, especialmente el insidioso Pascual, que, como era médico, se creía siempre en posesión de un saber incuestionable y no sólo entendía de Medicina sino que de leyes y de todo lo que se le pusiera por delante. Lo que más me repateaba era que me diera lecciones de Derecho a partir de una flagrante inexperiencia en la materia, pues según él todas las normas del hombre estaban sometidas a un raciocinio etéreo y universal, venido de las alturas, del más allá o de donde sea. Y por supuesto avalado por los sofismas de la Medicina, ciencia en la que siempre buscaba respaldo para apoyar sus peculiares e impertinentes postulados 'jurídicos'. Y como para Julia todo lo que dijera el sabio doctor --ya fuese de política o de arquitectura-- era mano de santo, a mí me tocaba callar siempre --si no quería enturbiar el ambiente--, debiendo meter, como se dice vulgarmente, el pico debajo del ala.

Vivíamos en una casa grande que nos estaba costando mucho trabajo pagar, porque ya se estaba empezando a notar la crisis económica que azotaba a toda Europa y especialmente a España –aunque nos encontrábamos todavía en las estribaciones de la gran montaña de dificultades que nos tocaría escalar en el futuro--, con lo cual esa recesión ya incipiente nos había impedido vender la vivienda que habitábamos antes de mudarnos de residencia. Y eso que estuvimos a punto de despacharla a un comprador que no conocíamos y nos ofrecía una parte del precio en dinero 'negro'. No aceptamos, por supuesto, porque siempre fuimos legales con el fisco y nos parecía una indecencia llevar a cabo aquella operación fraudulenta. Aunque después todo el mundo nos empezó a decir que habíamos sido unos necios de solemnidad, pues era esa un práctica de la que cualquier sujeto medianamente avispado echaba mano y sacaba provecho. Yo, para no parecer tan estúpido como me hacían creer que era, siempre me parapetaba en excusas como que si el dinero podía haber sido falso, que si Hacienda se enteraba nos pondría una multa, que a qué iba a dedicar tantos euros obtenidos tan subrepticiamente... Aunque mis sagaces consejeros y consejeras encontraban solución para todo: 'Te compras muebles y un coche....¡Por qué va a ser falso!. ¿No tienes algún amigo en un banco...?'. Y yo siempre me daba por vencido ante aquella suerte de ideas que, a pesar de todo, me parecían ciertamente arriesgadas. Hasta terminé creyéndome que no servía para hacer negocios, sobre todo después de que Pascual convenciera a Julia de que habíamos perdido la oportunidad de nuestra vida.

Nos habíamos conocido en el transcurso de la entrega de premios de una carrera en la que yo había participado. El pueblo estaba en fiestas y, claro, Julia era la merecida reina de las celebraciones, elegida sin la anuencia popular --sino que entre bambalinas, como muchas veces se hace--, pero en la seguridad de que habría salido victoriosa si tal referéndum se hubiera requerido al pueblo. Así que me entregó la copa como segundo clasificado con la misma sonrisa tierna e indescifrable de siempre, con sutil delicadeza, mientras su embriagador perfume francés casi me dejaba sin respiración. Llevaba un vestido rojo que le marcaba esculturalmente los senos y los glúteos, sobre el que el bandín azul que la acreditaba como princesa encantada de los faustos le daba un toque solemne, al que ella correspondía con la serena altanería de quien se sabe el centro de todas las atenciones y agasajos. 'Enhorabuena', me dijo con refinamiento, para besarme acto seguido suavemente la mejilla. Y fue entonces cuando pude sentir por un instante sus labios voluptuosos --casi lujuriosos-- en mi piel, impregnándome todos los sentidos su aroma de hembra bravía. 'Gracias', acerté a decir balbuceando, al mismo tiempo que pude ver por el rabillo del ojo como ella se fijaba en mi cuando levanté la copa y fui aclamado por las autoridades, el público y algunos participantes de la carrera que se habían quedado a presenciar el acto final, ya fuere por amor al deporte unos o bien por curiosidad otros, esperando ser agraciados con algún premio.

Más tarde coincidimos en una pequeña recepción con la que el comité organizador de la carrera nos agasajó. Y allí fue donde comenzamos a tantearnos y a desvelarnos nuestros pequeños secretos, entre miradas de complicidad. Ahora el vino le había ruborizado las facciones y se había vuelto más afrodisíaca que nunca.

--¿A qué te dedicas, aparte de darte esos grandes sofocos corriendo? –quiso saber.

--Estudié Derecho y después aprobé una oposición al Estado.

--Ah, un picapleitos más... –dijo ella con cierto desaire.

--No, nunca tuve interés por ejercer la abogacía, aunque debo reconocer que el conocimiento de las leyes y todo lo que conlleva su aplicación fue lo que más me motivó a la hora de seguir esos estudios –le dejé claro.

--¡Pues mira qué interesante!.

--No creas, no tanto... ¿Y tú?.

--Supongo que tenemos más en común de lo que piensas. Yo también me he licenciado en Derecho, me metí después en un despacho de abogados para hacer la pasantía y allí me quedé por el momento...

--¿Así que no te atreviste a ponerte por tu cuenta?.

Frunció un poco el ceño, su plácida sonrisa se agrietó ligera pero perceptiblemente y dejó entrever un rictus de leve desagrado, que corrigió enseguida con la maestría de una actriz de cine.

--Bueno... --rectifiqué rápidamente--, quise decir que si tal vez no tuviste la oportunidad de abrir un despacho o que quizás no te apetezca...

Ella notó mi azoramiento y cómo me atragantaba un poco con el sorbo de vino. Así que llegó en mi ayuda, como cuando en las películas el caballero saca del brete a la dama en apuros, pero esta vez invertidos los papeles.

--No, no... es que comenzar una por sí sola resulta duro y además creo que tengo poca experiencia. Ahora empezaré a ir a ver algún juicio para coger un poco de soltura...Y cambiando de tema: ¿y cómo tú por este pueblo perdido?.

--Yo he venido exclusivamente a participar en la carrera. ¿Eres de este lugar?.

--Tengo aquí a mis padres. Y, ya ves, he tenido que 'soportar' el reinado de las fiestas...

Estaba mintiendo. Le encantaba ser el centro de todo aquel entramado. Se le notaba a la legua. Y de hecho lo era, porque parecía perfecta en todos sus movimientos, intachable en todo lo que decía y hacía. Y además rebosaba sensualidad, por lo que los ojos de los hombres se escapaban sin querer de su globo ocular y buscaban su cuerpo esculpido y casi perfecto, enardecidos por sus formas y el color rojo de su vestido.

--¿Te vas a quedar al baile? –me preguntó ella de sopetón.

--Tenía pensado marcharme, pero, pensándolo bien, creo que me quedaré --intenté aceptar con cierto desdén, pero ella enseguida leyó el deseo en mis ojos y sonrió complacida.

Así comenzó un corto pero convulsivo noviazgo. Me enamoré pronto de Julia. No era difícil quedarse prendado de esa mujer tan hermosa. Cenas románticas, paseos por las avenidas arboladas, baile, buen cine... Parecíamos coincidir en todo lo que hacíamos o decíamos. Nuestros gustos no eran muy dispares o al menos el embeleso que nos envolvía no nos dejaba ver las diferencias entre lo que nos unía y nos distanciaba. Suele suceder de ese modo. Los sentimientos afines y vehementes enmascaran cualquier turbulencia, acoplan las frecuencias y allanan el terreno, consiguiendo que todo se vea de color rosa. Y el ardoroso delirio de la recién estrenada concupiscencia, de la arrebatadora pasión, pone lo que falta.

A Julia siempre le gustó vestir bien, con impecable estilo, con irrefutable clase, aunque sin ostentaciones, porque no las necesitaba. La exquisitez de su cuerpo hubiera suplido con creces cualquier eventual ordinariez. Sin embargo yo era menos riguroso con mi porte. Solía ponerme prendas funcionales, como unos pantalones vaqueros y una camisa deportiva. O un jersey de cuello subido con chaqueta de sport. Ella me decía, mostrando su intrigante sonrisa, que tenía que cuidar un poco más mi estilo, pero siempre se olvidaba de mi ropa cuando se abandonaba al placer de mi cuerpo musculoso y fibroso, esculpido sin piedad por el asfalto de las carreteras.

Poco a poco nos fuimos amando con pasión desorbitada, como animales que se flagelan a propósito sin sentir placer o dolor, solo obsesionados por un destructivo frenesí, hasta que los cuerpos caían agotados, exhaustos y maltrechos, desprendiendo un hedor macilento a carne y fluidos corporales. Aquello duró bastante tiempo, porque nos encontrábamos cómodos en el impudor, sin cargas, sin explicaciones, sin ninguna carta de navegación que nos señalase un rumbo, aunque sí parecía que un destino.

Llegué a casa aquel día muy cansado, después de una mala jornada en la oficina y de una tarde agobiante intentando dar cumplida satisfacción a aquellos opositores desesperados, la mayoría de los cuales nunca conseguirían su objetivo de ganar un empleo público, porque cada vez el Estado ofertaba menos vacantes y las posibilidades de ser uno --o una-- de los elegidos, en consecuencia, se reducían mucho. Pero yo no podía decirles nada de eso. Todos mis refuerzos habrían de ser positivos, en parte por preservar al grupo compacto y seguir percibiendo mi remuneración extra y por otra porque nunca se sabe lo que puede conseguir un hombre o una mujer cuando tienen poco que perder y lo pueden ganar todo. Cuando están desesperados. Un sujeto motivado es un volcán en potencia dispuesto a entrar en erupción en cualquier momento, al igual que uno sin voluntad es un espécimen derrotado, un secuaz de la inercia de los acontecimientos, al cual estos probablemente nunca favorezcan, terminando por fagocitarlo. Además, para conseguir algo hay que luchar por ello con todas las fuerzas, aunque se esté en desventaja, pues no es menos cierto que muchas grandes personalidades del mundo de la política, el arte o la ciencia emergieron a partir de situaciones de tremenda desigualdad física y social, siendo precisamente esa penuria lo que les sirvió de estímulo para lograr sus objetivos. Así que no sería yo el que iba a desmoralizar con cálculos de probabilidades a todo aquel cónclave de ilusiones y anhelos, aunque en el fondo sabía donde terminarían muchos de ellos: viviendo con sus padres y a costa de ellos casi indefinidamente.

Pero toda esa tensión me la transmitían a mí. ¿A quién sino?. Yo era su motor, su esperanza, el gurú de sus aspiraciones. Así que meti el coche en el garaje como el que está medio sonámbulo, con la mente atribulada por las desazones del trabajo, la presión de los opositores y unos temas que tenía que preparar para darles la clase adecuadamente al día siguiente. 'Me vendría fenomenal salir a correr un rato', pensé, consciente de que en tres cuartos de hora por alguna carretera medio desierta conseguiría echar fuera de mí toda esa carga que me atormentaba y obsesionaba, como si me ocupase todo el cerebro, como si fuese una prensa que me estuviese oprimiendo la cabeza. Con el ejercicio, el sudor y la liberación de las endorfinas sería un hombre nuevo, preparado para dialogar un rato con Julia y no mostrarme huraño con ella. Llevábamos ya dos años casados y las cosas parecía que no eran como antes, pasada aquella primera etapa de enardecido enamoramiento y otra de novedosa convivencia juntos. Ahora Julia parecía haberse enfriado un poco. Yo seguía queriéndola y deseaba conservarla, pero veía como ella a veces se mostraba distante, abstracta, refractaria... Tenía que reconducir la situación y cuando llegaba tan cansado y ofuscado del trabajo no era un buen momento para hacerlo, aunque estaba fuera de casa tantas horas que no disponía tampoco de demasiadas ocasiones para redefinir mi vida privada.

Antes de subir a casa me puse la ropa de entrenar. Todavía quedaba más de una hora de luz y la tarde era agradable. Ascendí por la escalera sigilosamente, sin calzarme, para dar una sorpresa a Julia y abrazarla cuando estaba de espaldas. Pero cambié de idea repentinamente, porque temí asustarla.

--Cariño, ¿andas por ahí? --le dije mientras me acercaba y ella se daba la vuelta.

--¿Pero vas a salir a correr a estas horas? –me espetó nada más verme.

--Es lo que tenía pensado... –dudé.

--¡Pues ya estás de vuelta enseguida porque se van a acercar hasta aquí Pascual y Laura!. Además les he invitado a cenar...

--¿Y qué se celebra para que venga el buen doctor? --pregunté con ironía.

--¡Ya estás como siempre!. ¡No empieces con tus insinuaciones...!.

--No, es que como es martes...

--Le comenté a Laura que me dolía la espalda y enseguida se ofreció a decírselo a Pascual para que me mirase y me hiciese unas recetas, si era necesario. Entonces les dije que vinieran a cenar, ¿qué podía hacer?.

--No, no, está bien...¡.Vendré enseguida...!.

En realidad salí de casa con una mueca de desagrado en el rostro. Pensándolo bien, no debiera molestarme que un médico manipulara el cuerpo de mi mujer. Pero Pascual no era un médico cualquiera. Yo había notado siempre como Julia se sentía embelesada por sus particulares teorías sobre todo cuanto existía en el mundo, ya fuese una gallina, un escorpión, un mueble, las teorías de Darwin o el Derecho romano. Dichosa esa Facultad de Medicina que formaba profesionales tan completos que entendían de todos los misterios de la Tierra. Y si Pascual no los conocía, improvisaba rápidamente a través de ingeniosas hipótesis sobre esto o aquello, avaladas por la credibilidad que da el ser médico, lo más de lo máximo. Y no digamos nada cuando mi vecino sacaba a relucir sus particulares conjeturas sobre el funcionamiento de la mente humana, aunque yo sabía que muchas de ellas se basaban en estudios de Sigmund Freud ya en cierto desuso, debido a nuevos enfoques de la psicología posterior. Pero Pascual se aferraba siempre a ese clavo ardiendo y como nadie le llevaba la contraria arreglaba la cabeza de cualquiera en un momento con argumentos unas veces pueriles y otras rebuscados -- más bien inventados que basados en el complejo trabajo de Freud-- que nadie rebatía, porque yo no quería meterme en líos: había decidido seguirle la corriente a aquel pedante sabelotodo, consciente deque nunca lograría que tuviese en cuenta ninguno de mis argumentos, por acertados que fueran, tan encumbrado se sentía en su platea de la disertación irrebatible. Además estaba claro que a Laura no le importaba lo más mínimo lo que hiciera o dijera y Julia se ensimismaba ante sus argumentos, reforzando con parabienes continuos las insolentes reflexiones del médico. Yo siempre había notado una simbiosis entre ellos. Parecían estar hechos el uno para el otro. '¡Qué caprichoso mundo este –cavilé por unos instantes--:¿por qué no habría ido él a correr la carrera aquel día, para que se hubiesen conocido y el destino hubiese cambiado el curso de los acontecimientos?'. Pero los designios del azar son sinuosos, caprichosos y a veces hasta se vuelven fatales. Bueno, ahora ya no había vuelta atrás. O quizás si...

Estuve corriendo una hora, porque necesitaba evadirme de todo aquel mundo enquistado que me rodeaba. Para mí la vida era muy sencilla: trabajar, estar a gusto con uno mismo, tener una familia y conseguir aquello que fuese posible lograr con cierto ímpetu --no dejándose llevar por la inercia, que nunca me satisfizo--, porque a la existencia hay darle un empujón cada cierto tiempo para que no te atrape entre sus garras, pero sin obsesión. Para ser feliz yo no necesitaba un gran coche, una casa en el mejor barrio o comprar ropa de marca continuamente. Me hubiera conformado con algo más sencillo y el amor de Julia, tenerla entre mis brazos, amarla y que ella me sintiera a mí como yo la percibía, aunque sabía que eso nunca sería posible: me lo decía todos los días su sonrisa indescifrable. Por eso creía que mi vida era un complejo entramado de pretensiones, de anhelos insatisfechos y de otros logrados a contracorriente, como el que rema día a día contra las aguas impetuosas de un caudal abundante e indómito.

Abandoné las casas y me introduje en un camino solitario que conducía a la campiña. Unos kilómetros más adelante logré ver el sotobosque y algunos árboles, eucaliptos que se levantaban hacia el cielo con gallardía, desprendiendo un aroma penetrante que parecía refrescar el aire. Cuando el cuerpo hubo hecho ciertas adaptaciones y las endorfinas comenzaron a producir sus efectos analgésicos y estimulantes las ideas comenzaron a venirme a la mente en cascada, una tras otra, como los azotes de una tormenta, cuando ya me encontraba entre la majestuosa arboleda. Los pensamientos iban y venían. Cambiaba de uno a otro sin cesar, pero pasado un rato sólo uno de ellos se me quedó asentado en la cabeza. ¿Estarían Pascual y Julia enamorados?. ¿Habría algo entre ellos?. ¿Sería un amor platónico o más bien un deseo carnal?. ¿O quizás ambas cosas?. Me la imaginé en sus brazos, haciendo el amor con él y casi no lo pude soportar. Tardé algo en lograr desechar esa imagen perniciosa de mi mente, pero lo conseguí, porque estaba entrenado para ello. No en vano era corredor de maratón y muchas veces había tenido que luchar contra episodios funestos y de desastre, hacia el kilómetro 35 de la carrera, que es cuando la fatiga se volvía extrema, el cuerpo se debilitaba y la mente flaqueaba. Pero debo reconocer que no era la primera vez que esa imagen de Julia en los brazos del doctor se asentaba en mi cerebro. Aunque siempre la había logrado desterrar, con más o menos esfuerzo, pero al fin y a la postre había ido consiguiendo aparcarla una y otra vez, aunque no expulsarla definitivamente. Por eso ahora volvía a mí y seguiría retornando una y otra vez...

De todas formas el hecho haber sido corredor de maratón y el sacrificio que eso suponía me estaba ayudando a salir del trance. Debería recomponer el jeroglífico al que me habían conducido toda aquella sarta de conjeturas y ordenar mis pensamientos. Así que, como en otras ocasiones, echaría mano de las experiencias pasadas, de las situaciones aprendidas, de todo el acervo de contingencias pretéritas. Otras veces me había visto en ese dilema de reordenar mi mente y sin duda ahora podría volver a hacerlo. ¿Qué era lo peor que me podía pasar?. Que Julia no me quisiese, que me engañase con Pascual con toda frialdad y ante las narices de la mojigata de Laura. Entonces debería asumir e interiorizar esa presunción, esa sospecha, esa fatalidad, con duelo pero a la vez con entereza. ¿Podía yo cambiar el curso de los acontecimientos, de ser cierto?. Desde luego que no. Si estaban enamorados o simplemente fundían sus cuerpos por pura y mera pasión poco podía hacer... Si acaso intentar reconducir la situación, pretender ilusionarla de nuevo con un estilo de vida distinto, con un cambio en mi modo de ser, razonar y actuar... Aunque, bien pensado, no se me ocurriría nada que poder modificar, pues por una parte albergaba un sentimiento noble de estar haciendo lo correcto con mi existencia –dentro de la irracionalidad sobrevenida de la misma-- y por otra poco puede alterar su modo de vivir un hombre que, por imperativo de la economía doméstica, había de pasarse el día enero trabajando. Podría procurar dedicarle más tiempo, pero no encontraba ni el método ni la ocasión propicia para poder esperanzarla de nuevo. Además poca ilusión podría crear al atardecer un pobre tipo como yo cuando llegaba a casa, con tareas pendientes para las clases del día siguiente y aún sin resolver algunas insidiosas cuestiones que los desesperados opositores me planteaban y de las cuales debía dar cumplida satisfacción al día siguiente, so pena de que pensaran que era un débil, un tipo que se arredraba ante las dificultades y sin la suficiente preparación, lo cual los desmoralizaría. Debería estar en condiciones de tener una respuesta a punto hasta para los temas más capciosos. Por lo tanto llegaba a casa tan hundido y saturado de dilemas y preocupaciones que necesitaba salir a correr un rato —en contra del parecer de Julia-- para disipar a través del aliento y del sudor toda aquella carga que me oprimía, todo aquel acervo de insana inmundicia que brotaba del modo de vida grotesco y sin sentido en el que me hallaba inmerso y poder dedicarle una sonrisa medio fingida, escuchar sus banalidades e intentar satisfacerla más tarde con una pasión desmedida, a la cual debo reconocer a pesar de todo que no me costaba trabajo llegar.

Realmente yo no necesitaba aquella vida de lujos en la que Julia me había metido. De ademanes estudiados, de frases hechas, de comportamientos disfrazados. Había entrado sin darme cuenta en un ranking: tanto representas, tanto vales. Aunque el que se llevaba la palma era el buen doctor, cuyas opiniones siempre serían bien recibidas, aunque estuvieran trasnochadas o fueran evidentemente erróneas. Su estatus, su locuacidad y arrojo le daban carta blanca para convertir en ley cualquier majadería, ante la indiferencia de la recatada Laura y el pábulo desmedido de Julia. Así era mi vida y así la iba recapitulando poco a poco a través del bosque de eucaliptos, mientras la noche se me venía encima tiernamente y los susurros de la espesura arrullaban mi supuesta desgracia.

Seguí corriendo a todo galope, mientras los despreciables episodios de mi vida me machacaban a cada paso que daba, como si alguien me fuese aporreando la cabeza con un martillo. Sin embargo yo sabía que debía continuar adelante hasta que el cerebro discriminase toda esa amalgama de acontecimientos funestos y dejase al descubierto en mi mente el que verdaderamente me atormentaba. ¿Qué estaba pasando con mi vida?. ¿Hacia dónde me conducía toda aquella pintoresca situación?. Desde luego nada en mi realidad parecía tener sentido. Todo era artificioso, prefabricada y vacuo.

Ahora el bosque quedaba atrás, con sus trinos, graznidos y arrumacos. Giré por otro camino y me adentré de nuevo en los prados, rodeado de algunos robles y los cercados de unas fincas con el heno en su máximo punto de fragancia, como esperando a ser cercenado para impregnar con su magnífico aroma el aire puro de aquellas lomas. Y, como siempre sucede al correr durante un tiempo, casi sin darme cuenta la gran tela de araña que se cernía sobre mi cerebro se fue deshilachando poco a poco, hasta que comencé a verlo todo claro de repente, como cuando estás a tientas en la oscuridad y una luz de pronto se enciende y te deja observar con nitidez todo cuanto te rodea.

Llegué a casa un poco más tarde de lo previsto, porque me había costado trabajo abandonar la soledad del corredor de fondo, aquella que era mi mejor medicina contra los avatares de un mundo que yo no entendía, contra los furibundos ataques y contraataques de la sociedad de consumo. El hecho de haber salido a correr había sido desde luego una terapia excepcional. Había conseguido mientras trotaba que mi mente discriminara y aceptara varias pautas coherentes de actuación, ideas que no hubiera logrado tener tan claras de otro modo. Mi cabeza era una mar de dudas todavía —debía reconocerlo--, pero al menos había fijado en ella un rango de actuaciones y preferencias. La primera de todas era que debía actuar como un individuo racional y autónomo, que siente, piensa y decide. Aunque a veces me aterrorizaba reflexionar demasiado, porque deseaba tanto a Julia que la mayoría de las ocasiones renunciaba a toda mi personalidad a cambio de estar junto a ella, de poder sentir y tocar su cuerpo, de poder hacerla mía y dominar por un tiempo su lujuria montaraz.

Al doblar la esquina vi aparcado el 'Mercedes' de Pascual. Solté un juramento para mis adentros. '¡Me cago en la...., ya ha llegado el doctorcito y su muñeca de cera¡'. Entré por el garaje y me quité lo que llevaba puesto, pues estaba bien aleccionado de que no debía penetrar en la casa con ninguna ropa sudorosa y mucho menos con el asqueroso calzado de correr. Así que me descalcé, me puse un jersey y un pantalón y empecé a subir las escaleras dispuesto a que me devoraran los leones. Julia me miró fría y un tanto aviesamente.

--¡Te dije que no tardaras! --me gruñó mientras me atravesaba con la mirada de hielo que le salía del alma cuando alguna pieza de su puzzle se desencajaba.

--Ya...,me entretuve un poco... --masculló.

Pasé al salón y saludé a Pascual, que se mantuvo en su línea de petulancia.

--¡Ha llegado el deportista!. Bueno, pues te advierto que los deportistas también os vais al otro barrio, ¿eh?.

--Ya..., ¡qué se le va a hacer!. Todos tenemos que palmarla algún día --asentí mientras le tendía la mano y acto seguido besaba a Laura en la mejilla, con mucho recato, aunque ella detectó enseguida mi olor a animal salvaje y dio un pequeño brinco hacia atrás.

Después de ducharme la cena empezó con trivialidades, pero siempre con la desmedida adoración de Julia hacia el doctor. '¿Te gusta esto?, toma más de lo otro, repite de lo de más allá, que está exquisito...', mientras él seguía con la mirada cada movimiento de su cuerpo, casa sonrisa que brotaba de sus labios, cada requiebro de sus senos excitantes. Todavía lo hacía con algún disimulo, pero cuando el vino empezó a hacerle efecto perdió toda esa fingida compostura, todo ese contenido pudor y ya devoraba abiertamente, lanzándole hasta algún guiño de complicidad. Pero no, no le bastaba con eso, faltaba la fase más sustancial del programa: la parte en la que se metía conmigo y con todo lo que hacía o decía. Y llegados a ese punto de la obra teatral era cuando Julia se sentía totalmente realizada, apoyada en sus tesis por aquel engreído, al que nadie quitaba el mérito por haber conseguido entrar en la Facultad de Medicina con buena nota, pero siempre teniendo en cuenta que otros, con tantas o más habilidades cognitivas, habíamos decidido seguir un camino diferente. Se trataba de inteligencia y de sacrificio, qué duda cabe, pero también de una cuestión de opciones y preferencias, por lo que tampoco el médico merecía ser bendecido y santificado continuamente.

--¿Por qué te ha dado por correr tanto? --volvió con la cantinela de siempre.

--Me sienta bien y disfruto con ello.

--Pero la vida tiene otros alicientes....¿No te llevan mucho tiempo esos entrenamientos que haces?.

Estuve a punto de sugerirle que se metiera en sus asuntos, pero me reprimí y conseguí no ser descortés. Julia nos observaba en silencio, pero cuando Pascual esgrimió ese argumento ella pareció asentir con la cabeza y le brillaron los ojos de satisfacción.

--Trabajo muchas horas...Me despeja la mente correr en solitario un rato después todo un día cargado de problemas. En esos momentos de aislamiento me encuentro conmigo mismo, reflexiono y ordeno las ideas.

--¡Vaya chico, no sabía que eso vuestro fuera tan metafísico!.

--Sí... y después llega a casa más cansado de lo que estaba... --Julia pareció clavarme un puñal.

--Bueno, no exageres, no creo que estés tan descontenta conmigo ni en el plano personal y ni en el sexual –perdí un poco el control.

Íbamos entrando en materia. Julia esbozó una mueca de desagrado, el doctor hizo un gesto de fastidio y Laura se ruborizó como un melocotón maduro.

--¡Ah, amigo --Pascual trató de romper el hielo--, eso lo tendrá que decir ella!. Ya sabes que la mujer es al fin y al cabo quien dicta la sentencia final. Nosotros solo instruimos el procedimiento. ¿O no es así como lo decís los de leyes?.

--¿Alguien sabe lo que piensa o siente una mujer? --aproveché para desquitarme.

Esta vez Pascual hizo como si no me oyera, echó mano del vaso de vino y apuró un largo trago. Julia volvió a mirarme furtivamente, como una fiera acorralada y herida. Y Laura siguió desempeñando su papel de coqueta muñequita de cera que llevaba una vida muy cómoda y a la que le traían sin cuidado los devaneos de su marido.

--¿Y cómo te va en el trabajo? –siguió preguntándome el médico no sé para hablar de algo o para fastidiarme.

--No del todo mal, aunque para sacar un sueldo un poco decente tengo que trabajar muchas horas...—no quise ponerme totalmente a la defensiva.

--Es que yo creo que tu tenías otras cualidades. Pienso que has desaprovechado tu vida presentándote a una oposición de administrativo del Estado. Quizás tenías que haber preparado juez, fiscal, inspector de trabajo...

--Ya se lo digo yo --Julia metió baza enseguida--, que todavía está a tiempo....Si dedicara todos los días un buen rato a prepararse una promoción interna, desde luego que llegaría a ocupar un puesto mejor y no tendría que dar las clases particulares.

--¿Pero cuándo quieres que estudie? --me encaré con Julia.

--Igual tienes que dedicar un poco menos de tiempo a correr...—medió el erudito médico--. Además seguro que estás machacando las articulaciones en exceso y ya verás dentro de unos años...

--¡Déjalo, déjalo, por favor, no sigas...!. A ver si me vas a diagnosticar aquí mismo una enfermedad de la que yo nunca oí hablar y me vas a fastidiar la cena...—lo dije en serio, pero fingiendo un tono distendido y tratando de dar a la expresión un cierto matiz cómico.

--¿Lo ves? --Julia siguió pinchando--. Cuando se le abren los ojos y se le dice la verdad mira como reacciona...

--Yo necesito salir a correr un poco de vez en cuando...Me relaja mucho, me sirve de autorregulador corporal, me ayuda a pensar y me viene bien para mejorar mi estado anímico.

--Bueno, hombre --Pascual adoptó una actitud paternalista-- No te lo tomes así... Lo único que queremos es tu bien, que te dediques a lo positivo y que no pierdas demasiado tiempo de forma inútil.

--¿Y tú, un médico, me dices eso?

--En fin... yo no te aconsejo que no practiques deporte, sino que aproveches mejor el tiempo y no estés varias horas por esos montes y esas carreteras, que un día hasta te va a atropellar un coche.

--Lo mismo que yo le aconsejo siempre....—Julia siguió metiendo su aguijón.

Apuré un trago largo de vino e hice como que me había atragantado un poco. Forcé una tos estertórica --que hizo que la recatada Laura diera un salto en la mesa, Pascual sonriera con complacencia ('No, si estos deportistas...') y Julia pusiera una mueca de asco-- para buscar una excusa y levantarme de aquel nido de víboras. Fui al baño, hice como que me refrescaba y salí a la calle. Intenté recomponer mi vida y no fui capaz. Todo eran pensamientos negativos, sentimientos de frustración, quién sabe si de odio. Por unos instantes deseé que aquel engreído que la Facultad de Medicina había echado al mundo no sé si para curar a los demás pero sí —estaba seguro-- para fastidiarme a mí se muriese allí mismo de un infarto, empapado en su vómito ególatra. Pero nada de eso sucedía. Eché un reojo hacia la mesa y en cambio lo vi mirando a Julia con la candidez de un cordero degollado, mientras ella se deshacía en no sé qué carantoñas. Si la tierra me hubiese tragado allí mismo no hubiera movido un dedo por evitarlo. Pero debía volver a la mesa y seguir el malévolo juego sin perder los estribos. No quería proporcionarles ese placer. Pensé en que yo era un corredor de maratón y en cómo resistía ante la adversidad cuando hacia el kilómetro 35 el alma parecía querer escapárseme del cuerpo en cada soplo de aliento y pensaba que mil agujas se clavaban en mis piernas. Así que estaba decidido: regresaría adentro y seguiría el juego. Con el nuevo amanecer vería todo distinto.

Al día siguiente llegué de trabajar como de costumbre y todo en mi mente era oscuridad. No estaba a gusto con la vida que llevaba. Es más, ya casi no la soportaba. La tarde se mostraba tenue y espléndida. Llamé a Julia desde el garaje para decirle que iba a salir a entrenar un poco. 'Está bien, pero no hagas que te espere como siempre para cenar'. Desde luego: le diría que sí a todo con tal de que me permitiera alejarme de allí enseguida, con tal de que me dejara correr y correr hasta introducirme en el bosque, perderme en su espesura, percibir como el sudor brotaba de mi cuerpo a borbotones, al mismo tiempo que con cada gota del mismo parecía salir de mi cada sentimiento de odio, de fracaso, de desesperación.

A la media hora de empezar a trotar comenzó a escenificarse en mi cabeza toda la macabra cena de la noche pasada. Quería desechar esos recuerdos de mí. Pero volvían y volvían. Yo continuaba corriendo sin parar, mientras todas la amarga dramaturgia del día anterior y de otros momentos negativos de mi vida me daban vueltas en la cabeza como cuando una lavadora apura su marcha para el secado de la ropa. Pero era el mismo proceso de siempre: al principio todo se veía confuso, aunque después las ideas comenzarían a aclararse y gran parte de los pensamientos se irían difuminando entre las casas, los campos de heno, los árboles y el sotobosque. Se iría produciendo un refinado proceso de selección de ideas. Yo solo debía esperar, porque siempre sucedía así.

De esa forma cuando el cuerpo comenzó a liberar endorfinas el proceso de raciocinio entró en un estadio más avanzado. Ya no tenía en la cabeza una amalgama de despropósitos, sino que solo algunos. Ahora debería filtrarlos hasta quedarme con la idea final, aunque no fuese la idónea, pero sí tal vez la mejor de las peores. Era un proceso eficaz e irreversible que me había ayudado muchas veces a tomar el camino más correcto. O el que yo creía que era el mejor, lo que no significaba que estuviera en lo cierto. Pero un hombre debe seguir los dictados de su conciencia. Y en medio de los bosques, a través de las carreteras y custodiado por el canto de las aves fui capaz de pensar, de invertir la pirámide de mi vida y de tomar una decisión. Cuando al cabo de hora y media regresé a casa le dije a Julia que tal vez lo mejor fuera que nos separásemos, que nuestras vidas siguieran caminos diferentes. Ella detectó enseguida un inmenso dolor en mis ojos y apreció mis facciones descompuestas, porque siempre tuvo el don de psicoanalizarme rápidamente. Así que no respondió nada:

solo volvió a mirarme con aquellos ojos perfectos y misteriosos que siempre eran un enigma, puso una mueca de desagrado, dio media vuelta y siguió con lo que estaba haciendo. Quizás sabía que me costaría mucho trabajo llegar a renunciar a su cuerpo.

II
LA MADRE

Hoy he recibido la triste noticia de tú fallecimiento, madre y mi cautiverio se cierne más que nunca sobre mí como una pesada losa, con inmenso dolor, con insoportable pesar, dentro de los muros de esta prisión en la que me he visto confinado a pesar de tus desvelos por hacer de mí un hombre de provecho. Pero esta clausura que la sociedad y el Estado me han impuesto por ser una oveja descarriada no me impide estar con el pensamiento en tu lecho de muerte –aún en la inmensa distancia que nos separa-- y recapitular el pasado: es más, me invita a hacerlo.

Recuerdo una parte de tu vida de manera tan diáfana que no me cuesta trabajo hacer retornar a mi mente esas imágenes retrospectivas. Al menos aquellas que yo compartí, que nunca fueron buenas. Quizás tu infancia y juventud hayan resultado mejores, aunque no lo creo, porque me consta que los años de la postguerra fueron de muchas privaciones, de extrema necesidad. Según me dice todo el mundo se trató de un episodio dramático de la historia de España, lleno de penuria, racionamiento, opresión y silencio. De ahí creo que fue de donde tú aprendiste a pelar las patatas de forma tan austera –la necesidad obligaba a avivar el ingenio--, pues a través de los mondos que iba esculpiendo tu afilado cuchillo se podía en ocasiones hasta ver la luz, casi como cuando se mira a través de un cristal.

Más tarde encontraste a mi padre, un buen hombre, pero que daba la impresión de haber salido ya borracho del vientre de su madre. Aún así, a pesar de que estaba más tiempo delirando que cuerdo, tuvo tiempo para hacerte siete hijos, que tu fuiste sacando adelante como pudiste, limpiando escalera tras escalera, casa tras casa, humillándote muchas veces, perdiendo tu dignidad, pero trayendo siempre el dinero que necesitabas para alimentar a tu prole y pagar los gastos de la vivienda, porque la mitad del salario que tu marido conseguía arrancar en la mina se quedaba en las tascas y las tabernas.

Te vi soportar sus abusos cuando el alcohol podía con él, que era casi siempre. Madre, hoy tu cuerpo es un cadáver, pero quisiera más que nunca tenerte conmigo por unos instantes dentro de esta prisión que hasta ahora me ahogaba, para decirte cara a cara lo valiente que fuiste y que el sacrificio de tu vida terminará valiendo para algo. Quisiera tenerte aquí para prometértelo, mirando tus ojos siempre tristes, que seguramente se llenarían de lágrimas. Y para contarte lo que me dijo el hombre sin cabellera, lo cual estoy seguro que te gustaría. No fui capaz de ser lo bueno que tú querías que fuese, el ser inmaculado que pretendías hacer de mí: con un buen trabajo, una familia y unos estudios. ¡Tenías tantas esperanzas puestas en que las cosas fueran como tú deseabas!. Pero te fallé, me convertí en un individuo marginal, llevado a la deriva por el alcohol y otras drogas, que destruyeron mi vida e hicieron que mi mujer Irene, pasado un tiempo y harta de sufrir como tú, no quisiera saber nada de mí, cuando ya no lo pudo resistir más. Madre, quizás tú desde lo alto puedas decirme algo de ella. No sé si habrá regresado a su país o estará todavía en España. Quizás haya rehecho su vida. Sería lo mejor, aunque me gustaría que, al igual que tú, se enterase del nuevo proyecto de futuro que emprendí después de conocer al hombre sin pelo. Hace un año que no tengo noticias de Irene, ni de mis hermanos, ni de nadie...Aquí he aprendido a refugiarme un poco en Dios y por eso sé que si tú estás ahora cerca de él serás capaz de transmitirme esa energía que necesito para completar el camino que estoy a punto de iniciar. Porque si alguien se merece estar en un lugar preeminente en el cielo esa eres tú...

Me vienen al recuerdo aquellos años de tu juventud en los que podías con todo. Yo era el mayor de mis hermanos, pero tú todavía no te habías marchitado, porque me tuviste muy pronto, con solo 19 años. Así que fui testigo de tu lucha por parir al resto de tus hijos e hijas, a lo largo de no mucho tiempo, hasta que te plantaste, le echaste agallas al asunto y llevaste a papá de mala gana un buen día al médico. Yo no llegué a entender el por qué de aquella gran discusión que tuvisteis en la cocina unos días antes de que os marcharais a hacer la visita al doctor, pero sí recuerdo que le amenazaste con irte de casa si no entraba en razón. Aquello tuvo que ser muy efectivo porque a partir de entonces dejé de tener hermanos y hermanas. Y te vi sufrir menos y centrar todo tu esfuerzo en sacarnos adelante, aunque todavía tenías que seguir yendo a buscar –perdido el orgullo— a mi padre a alguna de las tabernas cercanas a la mina los días de paga, para conseguir llevarlo --ante sus juramentos, desprecios y maldiciones—a casa antes de que gastara todo el dinero que necesitabas para que todos pudiésemos sobrevivir.

Un día de aquellos en que lo rescataste de la ignominia de la bebida y evitaste que acabara en pocas horas con el fruto del trabajo de todo un mes, observé horrorizado como –después de llegar a casa enfurecido-- te atenazaba por el cuello y te zarandeaba de un sitio a otro por la cocina. Hasta que tú cogiste un cuchillo y le amenazaste con destriparlo como a un cerdo si volvía a ponerte la mano encima. Le vi recular hacia la puerta y con los ojos desorbitados, abandonar la pequeña casita que ocupábamos de alquiler cerca de la mina y perderse por la carretera en dirección al bar, con solo unas pesetas en el bolsillo, pues ya te habías encargado tú de poner a buen recaudo el resto del sueldo.

Yo creo que aquél día debió ver la desesperación en tus ojos y te tomó miedo, pues no tengo conocimiento de que se volviese a meter contigo nunca más en los años que le quedaron de vida.

Querías que yo fuese ingeniero de minas, porque siempre añoraste verme como a uno de aquellos técnicos de la explotación tan bien vestidos, excelentemente pagados y que destilaban cierta arrogancia, pues qué duda cabe que eran unos señores feudales que se movían a sus anchas entre la plebe frumentaria que veníamos a ser los demás. Sin embargo tú no deseabas para mí la soberbia, sino que el prestigio, el porte, que fuese un hombre de bien y no pasase por las penurias que tú habías tenido que atravesar. Pero ya ves, querida madre, no he podido superar el entorno en el que crecí. Me convertí en un simple chico de barrio. Y las circunstancias pudieron conmigo. No era demasiado buen estudiante y me costaba mucho esfuerzo aprender las pocas lecciones que conseguía asimilar. Así que abandoné el colegio pronto –nada pudiste hacer por impedírmelo—y me puse a trabajar de aprendiz en un una obra, aunque tampoco allí puse demasiado interés por llegar a dominar un oficio. Yo no comprendía que estaba tirando mi vida por el desagüe, pero tú si lo sabías y tuviste largo tiempo la decepción reflejada en el rostro, aunque yo no intuyera en aquellos momentos que la tristeza de tu semblante se debía a mi fracaso. ¿Qué se siente cuando un hijo descarrila su vida?. Dolor y frustración, supongo. Que debió ser lo que tu experimentaste, porque no querías que me volviese como mi padre, un perdedor borracho y pendenciero.

Y tenías toda la razón del mundo. ¡Que sabias sois las madres!. Me lo advertiste y deseché tus juiciosos consejos. Hiciste lo imposible porque siguiera estudiando, pero la suerte estaba echada: el rol familiar se iba a perpetuar, quizás por más de una generación, porque yo acabaría reproduciendo la conducta de mi padre y es probable que mis hijos la mía...Toda una vida o más acabadas por la decisión que se toma en un momento. ¡Si ahora pudiera volver atrás!. Pero nunca hay retorno --solo iniciar una nueva andadura, como nos dijo el hombre sin cabellera-- y mucho menos en lugares como éste, donde debes hasta temer por tu vida si te adentras en terrenos peligrosos.

Hoy ha venido un hombre a darnos una charla a todos los reclusos que estamos en este módulo de rehabilitación. Fue corredor de largas distancias. No lo parece, porque yo ya lo veo viejo para ser un atleta. Además está completamente calvo y eso distorsiona bastante su aspecto. Pero tiene todavía el cuerpo correoso, duro y está delgado. Se le ve acostumbrado al sufrimiento y en su mirada un tanto desajustada se aprecia también un destello de decepción. Su relato fue conmovedor. Muchos de nosotros aplaudimos con entusiasmo cada vez que hacía una pausa en su acalorada intervención improvisada, a pesar de que traía unos folios escritos que apenas llegó a leer porque se dio cuenta enseguida de que si quería conectar con los presos tenía que penetrar en su mundo, transformarse en carne de nuestra carne, en sentimiento de nuestro sentimiento. Lo entendió al poco rato de entrar en contacto con aquella vasta población carcelaria y así lo hizo, con maestría y alarde. Se le veía acostumbrado a hablar en público, aunque no todo el mundo se desenvuelve bien ante una población reclusa.

Se identificó plenamente con nosotros y el mundo en el que vivimos. Su aspecto también le ayudaba a ello: tocado con una gorra deportiva de visera no desmerecía en nada el estereotipo de un chico de la calle, de uno de los presidiarios, flagelado por la droga tal vez, el alcohol o la vida marginal, en definitiva. Pero nos dijo que su falta de pelo obedecía a una enfermedad que no tenía cura y que llevaba ese sufrimiento con resignación desde hacía muchos años. Aunque nos habló con el corazón, era muy hábil en su disertación y enseguida trató de buscar semejanzas entre su vida y las nuestras, para atraparnos, para encandilarnos, para hacernos reflexionar y regalarnos un halo de esperanza. Y yo creo que logró su propósito.

Comenzó hablándonos de su vida pasada antes del año 1984, que fue cuando empezó a correr. Y se fue muy atrás en el tiempo, pues llegó a contarnos como de pequeño ya parecía ser un niño que no encajaba bien en la estructura social dominante, que era un ser introvertido, que igual se pasaba media hora mirando como fluían plácidamente las aguas de un río o se quedaba pasmado observando el verde de los árboles de cualquier bosque, embebido por los cantos de las aves y los graznidos de las alimañas. E hizo mucho hincapié en que creía que ya desde su primera infancia no ajustaba bien en el sistema, mientras todos lo escuchábamos con la respiración contenida, absortos por su relato novedoso, distinto a todos los rollos que nos habían soltado hasta entonces, mientras —con el micrófono inalámbrico en la mano—paseaba entre nosotros su nuca desnuda.

Nos refirió diversos episodios de desarraigo e inadaptación que tuvo en su niñez: sus escapadas al río a pescar truchas nada más que tenía un momento libre --en vez de estudiar--, sus quebrantos con otros de sus coetáneos, que terminaban casi siempre a golpes y la decisión de sus padres de convertirlo en un hombre de provecho, enviándolo a estudiar a la ciudad, con buenos resultados académicos, pero con alguna que otra trifulca de por medio. Entonces echó la vista a lo que tenía escrito. Fue de las pocas ocasiones en que leyó algunos párrafos de aquel papel. Debía de ser algo importante para él, porque nos quiso transmitir al pie de la letra lo que tenía anotado:

'Cuando mis padres me llevaron a estudiar a la ciudad con unos familiares querían desde luego hacer de mi un 'ciudadano', un hombre de bien. Fui un alumno aventajado, a pesar de que como llevaba todavía el pelo de la dehesa, los del asfalto se creían más listos e

importantes que los aldeanos y constantemente me recordaban mi condición pueblerina. No obstante, a pesar de ser un niño rural, siempre estuve por delante de ellos en muchos aspectos, obteniendo mejores calificaciones que la mayoría. Pero ya a mediados del segundo año todo se vino abajo por un incidente con el profesor de gimnasia, un puritano del régimen imperante. Estábamos saltando el 'potro' y aunque yo sabía andar a caballo por los bosques y las montañas de mi pequeño pueblo, aquél artefacto no se parecía en nada a un equino de verdad. Entré al aparato con decisión y mala técnica y estrellé los testículos contra el armatoste. Allí me retorcí de dolor ante la pasividad del maestro y las risas de los demás. Hasta que tan desconocido y novedoso dolor para mí fue cediendo, al mismo tiempo que mi cara iba perdiendo el color rojizo que había adquirido después del tremendo encontronazo. Entonces el docente me recriminó mi intento fallido y dijo que habría de volver a realizar el salto, pues todos sus pupilos sin exclusión pasaban por ese trámite y yo no debía de ser la excepción a las buenas prácticas del nacional sindicalismo. Barajé todas las posibilidades que tenía de superar el obstáculo y me di cuenta de que eran escasas. Pero como el bigotudo barrigón me azuzaba y el resto de la plebe parvularia estaba pendiente más de mi actuación que de la película de moda por aquel entonces ('La Diligencia') no tuve más remedio que emprender de nuevo una veloz carrera para volver a estrellarme contra el cacharro. De nuevo me retorcí de dolor por el suelo, ante las risas generales y los lamentos del seboso profesor, incapaz de saltar tan siquiera de una acera a la calle. Cuando mi cara volvió a recobrar su color normal, el animal que tenía por maestro barajó la posibilidad de un nuevo intento, a lo cual me negué rotundamente, decisión que fue muy mal acogida por el gordinflón, casi como una rebelión, algo intolerable en las aulas de un sistema tan ortodoxo.

Estuve varios días dolorido y creí que aquella cuestión había quedado zanjada para siempre. Pero era un ingenuo. El asunto del potro enseguida fue utilizado por el sistema educativo y por mis protectores temporales como la excusa idónea para intentar deshacerse de mí de una vez por todas. Estaba despedido y no me había enterado. Había sido catalogado como un sujeto inadaptado --que me encerraba *por largos periodos de tiempo en el wáter buscando la soledad-- no solo por aquel y otros percances, sino que por algún puñetazo que se me escapaba de vez en cuando. ¡<Salvaje, asesino, criminal...>!. Fue en esa época cuando empecé a tener problemas con la piel, a padecer alopecia areata, contra la que lucharía toda mi vida.*

Así que, debido a todas esas desventuras, había entrado en la categoría de los sujetos execrables y no me había enterado, como casi siempre ocurre. Al ver mis padres que no encajaba en el modelo del <Por Dios, por España y su revolución nacional sindicalista> tuvieron la brillante idea de internarme en un monasterio. Los monjes me enderezarían y la vida austera sería una buena medicina. Así podría salir al mundo convertido en un buen 'ciudadano'. Pero como enfermé intramuros mis progenitores en vez de recibir a un hombrecito 'reformado' tuvieron que hacerse cargo de un medio cadáver, de un enfermo pulmonar que tardó mucho tiempo en curarse, operado y salvado ya 'in extremis' cuando la fiebre podía con él. Así que la buena fe de mis procreadores se tornó en malaventura, pues tuvieron que hacerse cargo de un niño deformado en vez de recibir uno formado, como era su gran anhelo'.

Todos lo escuchábamos sin pestañear, intrigados por su enigmático relato y preguntándonos a dónde desearía ir a parar con todo aquello. Después nos aseguró que pudo haber retomado los estudios más adelante y que no lo hizo, un gran error en su vida, porque, 'si no tomas las decisiones en el momento oportuno siempre arrastras esa rémora el resto de tu existencia'. Nos aseguró que si bien era cierto que se podía enderezar el rumbo tras una maniobra incorrecta, este ya nunca volvería a seguir las rutas marcadas en las cartas de la navegación de la juventud. Dijo también que se había dejado llevar por una vida demasiado romántica en sus primeros años, acompañada en ciertas ocasiones de las típicas dosis de alcohol que estaban de moda entre los jóvenes en la época en que le había tocado vivir sus años adolescentes. 'Una mezcla explosiva e improductiva si se escapa a nuestro control: quiero que penséis mucho en ello', aunque yo no entendí del todo bien lo que nos quiso dar a entender.

Nadie se movía, todos le seguíamos con la mirada, mientras caminaba atrás y adelante por el pasillo central de la amplia sala donde habíamos sido congregados, con descaro, como si estuviera en su ambiente y la prisión fuera su medio habitual de vida. Estábamos de su parte sin condiciones, compartíamos su vida y eso era nuevo para nosotros.

También nos comentó que, a pesar de estar operado del pulmón, no pudo resistir en su momento la moda impuesta por los anuncios de la televisión, según la cual para ser un tipo duro había que fumar y beber compulsivamente. Así que durante un tiempo consumió paquetes enteros de cigarrillos, porque era el hábito social que imperaba cuando él atravesaba la pubertad. El que no fumaba o bebía era tenido por un tipo poco de fiar, puede que hasta ambiguo sexualmente. Muchas veces había oído decir al sargento de las fuerzas del orden imperante que 'los hombres, para ser tenidos como tales, tenían que oler a tabaco y a vino'. Y que más tarde se enteró de que había muerto de cáncer de pulmón. 'Lo más curioso es que en mi adolescencia, un buen día, sin saber por qué, dejé de quemar tabaco, como cuando <Forrest Gump> paró de correr de repente aduciendo que estaba cansado', nos explicó el hombres in pelo.

También quiso dejar claro que esas habían sido sus adicciones, pues nunca había pasado de ahí y que, por lo tanto, desconocía el sabor de un simple y mero 'canuto' de hierba.. Pero, aún así, sus desaciertos eran incontables y que, a la hora de saldar las cuentas, la historia cargaba todos los traspiés en la misma factura, sin establecer categorías ni gradaciones. Y que tenía que soportar, como nosotros y como todo el mundo, esa abominable carga que el tiempo no borraba, ya que antes se olvidaba una acción generosa que una mala jugada. Y que la sociedad nunca perdonaba. Que siempre iba a cobrar su tributo, aunque llevaras años muerto y descompuesto como la carroña que picotean los buitres, lo cual quiso que tuviésemos muy claro. Que tras alguna acción de cierto infortunio que de alguna manera pudiera ser repudiada o, justa o injustamente, mereciera el rechazo social, el mundo difícilmente te dejaría sentarte de nuevo en la silla inmaculada de los querubines, de tal suerte que aunque llegaras a ser tan bueno como la madre Teresa de Calcuta siempre te echarían en cara aquel día que en mala hora erraste el camino. Y que en gran craso error habríamos de caer si pensábamos que la calamidad de la que nos estaba hablando debía atribuirse siempre a la mala cabeza de uno, puesto que en ocasiones tenía una influencia decisiva la mala suerte, pues si durante el partido decisivo la pelota pegaba en la red y caía en nuestro campo podíamos darnos igualmente por perdidos sin remisión.

Dijo que no pretendía desmoralizarnos, pero que era difícil lograr la comprensión de los congéneres cuando se había sido una oveja descarriada. Y que los estigmas no solo perseguían a las personas hasta la tumba --volvió a repetirlo--, sino que, aún más allá, hasta la ultratumba, pues éstos, así como los arquetipos y estereotipos, era algo con lo que uno tenía que convivir mientras estuviese en este mundo y en el otro. Y que cuanto primero tomásemos conciencia de ello menor sufrimiento padeceríamos. Y tuvo un arranque de espontaneidad cuando se quitó la gorra y nos arengó: '¡Mirad como tengo la cabeza!. Yo estoy enfermo de la piel y a diario tengo que soportar la demonización de la sociedad: '¿qué le pasará a éste: padecerá cáncer, SIDA, sífilis o consumirá heroína...?'. Ese nimio detalle, esa frase aparentemente insignificante hizo que la simbiosis con él ahora fuera total y todos rompimos a aplaudir con fervor y hasta hubo alguno al que se le escurrió una lágrima por el rostro endurecido por los barrotes. Creo que el hombre sin cabellera se dio cuenta de ello y entonces bajó un poco el tono de su discurso, asegurándonos que no había venido a dar la charla para resultar desmoralizante y ser un aguafiestas, pues bastante cruz teníamos con la purga de nuestras penas. Pero que si había resultado un poco árido en su exposición no había sido por otra razón que para dejar de manifiesto que todos en cierta medida estamos sometidos a un cierto nivel de satanización y señalamiento por parte de la sociedad y que en la vida había que ser fuertes ante el fracaso, la injusticia o la derrota, que eran caras que de pronto tomaba ésta. Puso mucho énfasis en el hecho de que intentáramos mentalizarnos de que somos más fuertes de lo que pensamos y que un hombre o una mujer tiene una capacidad increíble de modificar su propio destino --aunque bien era cierto que hasta cierto punto-- y de lograr cosas impensables.

Después nos habló de algo que consideró importante para nosotros: que aprovecháramos el tiempo, ya fuese dentro o fuera de la prisión, porque era un tesoro incalculable. Nos contó un poco su vida, llena --en su opinión-- de encerronas y reveses, como la de casi todo el mundo. Se reprochó con acritud el no haber estudiado tras superar su enfermedad pulmonar. En cambio se dedicó a escribir y a perder una parte del tiempo por las tabernas, aunque dijo que nunca iba a renegar de cuanto la vida le había enseñado siendo corresponsal de prensa, pero sí de la falsa solidaridad de los amigos de parranda, enemigos en potencia a la hora de la verdad. ('¡Espero que recordéis esto siempre, siempre!', levantó mucho la voz, para guardar silencio unos instantes después, como si quisiera que meditásemos sobre lo que nos acababa de decir). Y que cuando llegó la hora de tener que dar de comer a su familia no sabía hacer nada práctico, que era un inútil, mientras otros jóvenes de su tiempo se habían formado y ejercían profesiones rentables. Sin embargo él tuvo que tomar los peores empleos, en las galerías de las minas y en los ferrocarriles, trabajando en condiciones penosas muchas veces. Y que un día vio una película del oeste americano que escenificaba los tendidos del ferrocarril y se descubrió a sí mismo entre aquellos chinos que trabajaban en condiciones lastimosas. Hasta que un buen día se decidió a cambiar de vida, comenzando a correr y a estudiar. Nos dijo como --a base de un sacrificio incalculable-- se había convertido en corredor de largas distancias y había estudiado tres carreras universitarias: eso sí, a costa de pasar muchas noches sin dormir. Y cómo mediante ese sacrificio había logrado acceder a otra dimensión de su realidad social. Aunque nos advirtió enseguida que no intentaba ser engreído si nos hablaba de todo aquello que había logrado, pues solo quería exponerlo como ejemplo de que con fuerza de voluntad y sacrificio se consiguen metas incalculables. Y que todos somos seres humanos que debemos meditar a un nivel más superior de lo que lo hacemos, pues esa venía a ser una de las causas del avance de la sociedad, en oposición a la perpetuación a los roles y el estancamiento social. Quiso hacernos ver que teníamos mucho tiempo libre y que, por lo tanto, aprovecháramos ese tesoro al que quizás no dábamos importancia. Que nos pusiéramos a estudiar, cada uno en la medida de nuestras posibilidades. Y también a correr...

Él continuaba moviéndose de un lado a otro de la estancia, con la gorra metida en el bolsillo de atrás del pantalón, con la cabeza como Dios lo trajo al mundo y completamente identificado con su auditorio. Y nosotros con él, pues nadie susurraba ni una sola palabra y reinaba un silencio natural, propio de cuando un público se halla embelesado por un conferenciante insólito. Allí, donde otros hubieran temblado ante una población carcelaria --aunque en este caso entregada--, él se mantenía dominante, alternando los timbres de voz, bien arengando, bien casi musitando, pero siempre hilvanando las palabras con maestría, que parecían brotar de su garganta con enorme fluidez, sin darse respiro unas a las otras, tal era su locuacidad. Yo creo que hubiera podido estar hablando con nosotros un día entero – del mismo modo que lograba correr las carreras de 24 horas-- y todavía le habrían quedado vivencias sin contar, tal era su acervo de conocimientos y experiencias. Pero dijo que ya no nos iba a cansar más y que sólo quería explicarnos las ventajas para la mente y el cuerpo de que nos pusiéramos a correr asiduamente por el espacio que teníamos disponible dentro de la prisión, el reducido patio, el cual no lo veía como un recinto idóneo, pero que bien utilizado podría servir a nuestros propósitos, pues él había conocido a un hombre que corría muchos kilómetros en la cubierta de un barco y aún así conseguía abstraerse y meditar mientras llevaba a cabo la carrera diaria.

Nos habló de cómo, llegado un punto, el cuerpo segrega endorfinas y de los beneficios físicos y mentales del ejercicio. Aseguró que si comenzábamos a correr y a estudiar nuestra desgracia podría verse mitigada, porque empezaríamos a reflexionar mientras hacíamos ejercicio, logrando ordenar nuestra vida. Y después nos contó que lo mejor para el hombre era asumir su situación desde la peor de las soluciones, pues ese era un buen punto de partida para reconstruir la existencia. Y que si empezábamos a correr asiduamente conseguiríamos levantar la pirámide de nuestro comportamiento futuro y seríamos hombres distintos. Tendríamos un plan ('aunque lamentablemente no de fuga', matizó mientras todos nos reíamos a carcajadas). Nos dijo cómo hacerlo y yo le creí. Muchos de nosotros también. Nos trajo varios libros que había escrito donde hablaba de todo ello. Recuerdo de sus últimas y enfáticas palabras, antes de que recibiera una atronadora ovación y muchos de nosotros fuésemos a darle la mano y a abrazarle efusivamente: 'Lo que sí os digo es que llevando una existencia coherente, creando un proyecto de futuro, haciendo deporte y estudiando, probablemente nunca llegaréis a ser ricos. Pero lo que sí os puedo garantizar --y levantó mucho la voz-- es que si seguís ese camino entraréis en una dimensión distinta de vuestra realidad como seres humanos y llegaréis a experimentar sensaciones increíbles. Y muchos de esos momentos, de esos instantes, valdrán por toda una vida, os lo aseguro...'.

Madre, yo creí a aquél hombre. Por eso voy a hacer lo que me dijo: comenzaré a correr y a estudiar. Estoy seguro de que conseguiré reconstruir mi vida, que lograré encontrarme con mi propio 'yo' y que cuando vuelva al mundo libre podré afrontar una existencia distinta a la que llevaba antes de que me confinaran en esta prisión. Ahora ya no veo mi reclusión como antes, porque siento que es un mal que me conducirá a lograr algo bueno para mí y para los demás, aunque nunca olvidaré todas las observaciones que nos hizo sobre los estereotipos sociales. He empezado a reconstruir la pirámide, como me aconsejó el hombre sin cabellera. Y me siento bien. Creo que podré encontrar el camino del que me habló y que la suerte lo puso en mi trayecto para cambiar mi destino. Asumo los hechos, pido perdón por mis culpas y trato de levantar el nuevo edificio de lo que será mi mundo futuro. Ahora me siento feliz. Desearía contártelo, madre. Me gustaría que pudieses llegar a verlo con tus propios ojos. Ese es mi único dolor ahora.

III
EL INGENUO

Conocí una vez a un hombre que se implicaba mucho en los problemas de la gente de su pueblo y en las actividades del mismo. Siempre estaba metido hasta cuello con encargos, eventos, mandatos y celebraciones que incluso eran perjudiciales para su vida y su familia, pues esas tareas le desajustaban todos sus planes personales. Era corredor de largas distancias. Había participado en cientos de carreras de todo tipo y ya le quedaban pocos secretos por descubrir en las pruebas de maratón, 100 kilómetros o 24 horas. Él sabía que tenía muchos defectos: en otro tiempo había poseído la arrogancia que da la juventud y el hecho de lograr gestas deportivas que no consiguen el resto de los mortales. Pero los años le habían doblegado aquel hábito insano, como tantos otros que logró ir dominando y puliendo a lo largo del tiempo. Aunque nunca se lo perdonaron y ese estigma de soberbio le seguía acompañando como una sombra. También decían que era 'raro', porque huía de los convencionalismos: no tomaba parte en las infructuosas tertulias de las tabernas, era austero, no fumaba, trabajaba siempre en exceso sin protestar y llevaba a cabo diariamente grandes entrenamientos después de terminar su jornada laboral. Desde luego, de un sujeto de esa calaña sería prudente desconfiar y puede que hasta razonable apartarse. O por lo menos intentar no pertenecer a su etnia o grupo, si es que se hallaba sometido a alguna. Se podían tener ciertos tratos con él, pero siempre sería conveniente no darle más confianza que la justa que exige la mínima cortesía, para que no pudiese entrar en el círculo de confianza, lo cual arruinaría la reputación de cualquiera. Como tampoco sería una buena práctica sentarse muy cerca de él en los actos públicos, no fuera a ser que esa presunta asociación destruyese en periquete el buen nombre de quien lo acompañase.

La persona a la que me refiero además era irreverente, a veces hablaba demasiado y hubo un tiempo en que expresaba sus opiniones sin cortapisas, algo hiriente para muchos de sus congéneres de mejor calaña que la suya, los cuales --ya que tenían que tratar con él-- hubieran deseado que fuera más recatado en ocasiones y que siguiera los patrones sociales con más moralidad y menos anarquía. Desde luego no era un sujeto en el que se pudiera confiar, pues se trataba de uno de esos individuos que cuando menos se espera se ponen de parte de los indios y dejan de lado la caballería. Sin embargo no se podía repudiar alegremente su buena voluntad y capacidad de trabajo para ciertas tareas, en lo cual era muy aprovechable. Pero siempre para cuestiones temporales y al margen del núcleo principal. Para algo más estable sería más conveniente contar con personas más dogmáticas, manejables y dóciles. Porque, no lo olvidemos, el corredor en cuestión poseía un amplio catálogo de experiencias y además la Universidad a lo largo de muchos años y diversos estudios se había encargado de pulirlo, con encomiable esfuerzo por ambas partes. Pero eso no justificaba el hecho de dejar en sus manos cualquier proyecto serio. De tal suerte que se le daba rienda suelta para ciertos avatares muy trabajosos, pero cuando se trataba de asuntos procelosos se buscaba a personas más 'estables', que no fueran raras e imprevisibles. Y así fue como el protagonista de esta historia después de estudiar una carrera específica en la Universidad para presentar en el lugar donde vivía un memorando sobre cierta actividad que deseaba llevar a cabo, fue dado de lado de buenas a primeras bajo el pueril pretexto de que 'solo estaba acostumbrado a correr', cuando lo cierto es que por aquel entonces se había convertido en un técnico muy cualificado en la materia en cuestión.

Pero el corredor de largas distancias, además de inconformista, siempre fue un poco ingenuo en el fondo. Porque tardó en darse cuenta que a las entidades no les interesan los programas complejos, ya que, entre otras razones, hay que trabajar y cooperar en ellos. Y les resultan más llevaderas las propuestas sencillas, aquellas se ponen en práctica sobre la marcha y discurren un poco a su riesgo y ventura. De ahí también su fama de 'complicado'. Menuda majadería. Yo conocí a aquel deportista y puedo decir que lo único que le gustaba era hacer las cosas bien. Aunque ninguno de los proyectos que en ocasiones puso en marcha saliera a la perfección --como él deseaba-- a pesar de sus esfuerzos, por diversas razones, algunas de ellas inconfesables. Sin embargo hay que reconocer que el éxito le acompañó en la mayoría de las ocasiones y de ahí derivaba la loa popular hacia su persona.

En definitiva, que aquel sujeto que corría y corría, como si no tuviera otra cosa mejor que hacer en el mundo, poseía el inefable don de cautivar a las masas, a pesar de que a lo largo de los años había hecho también con enconados enemigos, por aquello de que el hecho de tener cierta notoriedad siempre acarrea envidias y rencores. Y hubiera llegado a algo en la vida, de no tener en la mayoría de las ocasiones la mala fortuna de encontrarse siempre en el bando de los perdedores. No sé si cada a uno tiene escrito un destino o se lo va labrando poco a poco en función de los éxitos y desaciertos, pero lo cierto es que el hombre de quien les hablo --a pesar de sus imperfecciones-- se perjudicó muchas veces a sí mismo buscando que su pléyade de seguidores y seguidoras cultivasen los misterios del deporte y la vida sana. Y a fe que lo consiguió, pues cada vez eran más sus acólitos y en mayor medida acudían a los eventos que organizaba.

Sin embargo él siempre supo cuál era su sitio: el de un sujeto que no seguía las corrientes sociales, que aceptaba de mala gana las pautas que éstas le marcaban y que, al haber cobrado cierta relevancia gracias la atipicidad de sus actos, se le permitían ciertas licencias a pesar de tener la lengua algo suelta, modales poco refinados y también cierta dosis de mala leche. Así que si mezclaba todas esas calamidades en una coctelera con la irreverencia y otras veleidades resultaba un preparado atípico, que igual embelesaba los sentidos o, por el contrario, podía provocar un ardor de estómago. 'No extrañe, pues, a nadie que la masa se estremezca, que se aterrorice, que repudie al individuo que desperdicia su vida en quimeras inconsistentes, en batallas sin botín, en gestas más propias de compasión que de la loa popular', como el mismo reconocía en uno de sus libros. Así las cosas nuestro buen hombre, que dedicaba media vida a ciertas actividades de las que se beneficiaba una colectividad grande -- implicando también a su familia en ellas--, hasta perdió varias oportunidades de promocionar en su trabajo, al tener que dedicarse en cuerpo y alma a tan menesterosos quehaceres, que le ocupaban en ciertos meses del año una buena parte del día y de la noche. Y así iba discurriendo la mecánica existencia de aquel individuo 'raro' que tenía costumbres distintas a la población media normal y además le daba por correr grandes trechos de terreno sin obtener beneficio alguno, como no fuera mantener medio a raya el colesterol, aunque a costa de un ya lacerado tejido articular.

El hombre 'complicado' tenía un trabajo corriente de hombre común, a pesar de sus estudios universitarios, que nunca los rentabilizó, aspecto sobre el cual él mismo reconocía su torpeza. Desempeñaba bien su tarea y a cambio recibía un salario injusto, pues era tan aplicado en sus labores que tal vez hubiera merecido ganar el doble de lo que cobraba. Pero nunca tuvo el don de seducir a los patronos, por su insolencia en unas ocasiones y procacidad en otras, al no conseguir estar callado cuando debiera hacerlo. Es cierto que en algunas circunstancias una frase contestataria o un reproche acertado despierta las conciencias y es valorado como un signo de arrojo y valentía. Pero no es lo corriente. Porque la gente por lo general no desea escuchar la verdad. Es más, la sinceridad hiere, produce el mismo efecto que una puñalada por la espalda y son casi siempre preferidas las aprobaciones serviles. Por eso muchos de sus colegas de trabajo, que aceptaban bien la condescendencia y el paternalismo, habían progresado más en sus empleos y obtenían emolumentos mayores con menos esfuerzo. Les bastaba con ser sumisos y tener dispuesta siempre la mansa sonrisa farisaica. Además tampoco se podían confiar puestos de responsabilidad a un sujeto que corría en vez de alternar en las tascas y que en más de una ocasión se le había visto caminar medio lisiado después de haber sufrido algún percance físico mientras llevaba a cabo aquella afición desmedida de entrenar todos los días.

Desde luego, le faltaba talante, mano izquierda, estaba claro, aunque a él eso le importara poco, entre otras razones porque era algo que no podía controlar. Como en la película 'Psicosis', del gran Alfred Hitchcock , pesaba más en ocasiones su parte irreconciliable que su mitad de sometimiento. Por lo tanto su ruina como individuo era una cuestión escrita y patentada de antemano: nada se podía hacer por él cuando su parte rebelde del cerebro dominaba por completo al dócil. Él sabía todo eso y lo aceptaba con naturalidad. Podría decirse que hasta se sentía a gusto en su faceta indómita, pues muchas veces se repetía a sí mismo que el mundo estaba lleno de conformistas aduladores dispuestos a bailar al son de la música que se toque en cada momento. Y no estaba mal que de vez en cuando alguien hiciera lo contrario que esos desgraciados, que por otra parte tenían que ser muy infelices si eran conscientes de su condición servil.

Pero hubo un momento en que el mundo que conocieron los hombres y mujeres del siglo XXI cambió en poco tiempo de una forma que solo tenía parangón en el 'crack' de 1929, en la centuria anterior. A mediados de septiembre del año 2008 la compañía Lehman Brothers Holdings Inc. se declaró en quiebra, quedando al descubierto el gran fraude de un sistema que había expandido la economía a base del crédito y la deuda. Así que esa fatídica fecha marcó un antes y un después en la vida de muchas personas. España fue uno de los países que más se convulsionaron con esa debacle, ya que la construcción se había inflado hasta límites insospechados y un excesivo consumo arrastró la tasa de ahorro a cero. Y, claro está, las grandes mentes pensantes -- que se ve que no lo eran tanto—comenzaron a darle vueltas y más vueltas al asunto de la deuda pública y de la privada, algo que ya conocían perfectamente desde tiempo atrás, pero cuyo análisis habían infravalorado, como el de tantas otras variables del mercado que nos llevaron a bailar en la cuerda floja. Después los bancos que crearon esa deuda tendrían que ser rescatados por los gobiernos, pero con cargo a todos los contribuyentes, ya que existía un riesgo cierto de contagio y de que, si no se atajaba ese problema, se produjese la gran bancarrota de las finanzas mundiales, lo que terminaría seguramente de mala manera. Como muy bien puntualizaron algunos analistas, el capitalismo pasó a convertirse en la víctima de su propia receta, pues promovió el endeudamiento hasta límites insospechados y después fue abducido por el mismo. España se convirtió en uno de los países que más acusó el 'sunami' que provocó la quiebra del gigante Lehman. El efecto fue catalítico y uno de los sectores más afectados del país mediterráneo fue el de la construcción, que se paralizó desde la columna vertebral hasta el resto de sus apéndices. Como consecuencia de ese cataclismo, nuestro corredor de larga distancia, quedó sin empleo. Nunca había estado sin ocupación y para él la nueva situación vino a suponer un duro golpe, que asimiló como pudo. Hubo momentos en que la depresión mental le produjo un abatimiento que le condujo al desánimo más absoluto, porque el futuro incierto y los pensamientos negativos lo consumían. La mente se le escapaba continuamente recorriendo los quebradizos senderos de la recesión y sus funestas e impredecibles consecuencias. Entonces recordó que era corredor de retos imposibles y las penalidades que había sufrido por las carreteras del mundo en muchas ocasiones, cuando las piernas flaqueaban, el cuerpo se torcía, la mente se nublaba y los pensamientos se volvían aciagos. En esos casos había que restablecer el equilibrio emocional de nuevo, para continuar dejando atrás kilómetros y kilómetros, como un autómata, como alguien que está maldito y debe seguir inexorablemente expiando su culpa. Si lo había hecho entonces volvería a ponerlo en práctica ahora de nuevo. Es más, debería transferir aquel aprendizaje a una situación de la vida real, pues hubiera sido un error el desaprovechar aquel acervo de experiencias que permitían controlar la mente y dominar el sufrimiento.

Corría el mes de marzo y ya se sentía emerger la primavera, una estación muy propicia en el norte de España para entrenar. Así que se calzó sus zapatillas, se puso el resto del atuendo deportivo y salió a correr. Atravesó el pequeño pueblo donde vivía y pronto se adentró en un camino rural que le conduciría a un altiplano, rodeado de bosques y de campos de heno, contemplando como la vegetación despertaba con fuerza de su letargo invernal y los olores del campo y de las casas rurales penetraban con fuerza en sus sentidos. Así recorrió varios kilómetros, intentando encontrar la forma de sobreponerse a aquella mala racha laboral por la que atravesaba, seguro de que, como había hecho otras veces, hallaría la forma de ilusionarse con algo que le permitiera encontrarse bien consigo mismo. Solo unos pocos afortunados saben cuál es en cada momento el camino a seguir y qué hacer en cada caso. Pero quizás el resto, los que no lo tenían tan claro como esos elegidos, no fueran corredores como él y sin duda no podrían poner en práctica su técnica de solucionar problemas corriendo a través de la mente. Así que debía seguir trotando, recreándose en el entorno y esperar.

Hasta que cuando terminó de coronar la pequeña cumbre por la que ascendía jadeante, giró a la izquierda y tomó un camino forestal entre los pinos. Por unos instantes sólo pudo pensar en que debía sentirse un ser privilegiado por ser capaz de haber llegado hasta aquel paraje paradisíaco corriendo, utilizando solo sus piernas. Y fue entonces cuando, de repente, como siempre sucede, tuvo dos felices ideas que le ilusionaron. En primer lugar se prepararía para correr en Italia los <100 km. de 'Il Passatore'>, una carrera de la que siempre había oído contar fantásticas historias y a la que se podría permitir acudir sin grandes quebrantos económicos. Y, al mismo tiempo, como era una persona tan conocido y servicial en la pequeña ciudad donde vivía, acudiría a aquellos empresarios de los que siempre no había recibido más que felicitaciones por las buenas obras que realizaba en el pueblo para requerir de ellos un empleo que, aunque temporal, le ayudase a atravesar aquel mal momento en el que se encontraba, en espera de tiempos mejores.

El proyecto de correr cien kilómetros en Italia el último fin de semana de mayo le apasionó enseguida. Había oído hablar mucho de esa prueba —la 'Cento'— entre Florencia y Faenza, atravesando los Apeninos. La salida se daba a las tres de la tarde de un sábado y los corredores y corredoras tenían un plazo de 20 horas para finalizarla: es decir, hasta las once de la mañana del domingo. Así que la mayoría de quienes engrosaban la multitudinaria salida tenían que pasarse corriendo muchas horas en plena noche, aunque los vencedores empleaban bastante menos tiempo. Todavía recordaba como él había visto correr en España a uno de los primeros ganadores de esa carrera, Vito Melito, que después escribiría un ameno libro sobre los entrenamientos más idóneos para correr ese tipo de pruebas de 100 kilómetros.

La 'Cento' estaba inspirada en las hazañas del mítico bandolero italiano 'Il Passatore', un contrabandista al estilo 'Robin Hood' cuyo nombre era Stefano Pelloni —apodado por sus correligionarios Stuvané-- y que había nacido en 1824 en Boncellino de Bagnacavallo, a unos diez kilómetros de Ravena. Para unos un bandido y para otros un caballero idealizado que robaba a los ricos para dárselo a los pobres. El debate sobre su vida todavía sigue muy vivo hoy en día. La acción de Stuvané y su banda se desarrollaba en una región oprimida --por la policía austriaca por un lado y la dominación papal por otro—, atrasada y reaccionaria, donde una gran parte de la población vivía de la de la mendicidad. Las diferencias sociales eran enormes, pues unos tenían mucho --los terratenientes— y otros vivían en la miseria. En tal contexto cualquier persona que contrarrestara ese poder podía ser tenido por un símbolo de la libertad. Pero luego estaban episodios como los de la noche del 25 de enero de 1851, cuando entró con su cuadrilla de facinerosos –al parecer 15 -- en el teatro municipal de Forlimpopoli --hoy 'Verdi'— y en el intermedio de una actuación subieron al escenario y apuntaron con sus armas al abrirse el telón a unos espectadores aterrados, pasando lista de los más ricos, para robarlos uno a uno y, no conformándose con eso, algunos de ellos fueron acompañados a sus domicilios, donde se completó el saqueo, siendo forzadas algunas mujeres. En una de estas casas fue violada la hermana de Pellegrino Artusi —crítico literario, escritor, gastrónomo y político jacobino-- Gertrude, la cual había huido a la terraza sin que le sirviera de nada. Como consecuencia de este suceso Gertrude Artusi entró en estado de 'shock', perdiendo la razón posteriormente y debiendo ser internada en una casa de salud mental, donde murió a los 47 años de edad, mientras toda la familia se trasladaba a Florencia para intentar borrar la desgracia.

Atrás quedaba el turbio asunto del disparo con el que 'Il Passatore Cortes' es probable que quitara la vida a uno de sus colegas de correrías que presumiblemente iba a testificar contra él en un juicio --un tal Tambini--, hecho en el que resultó imputado y que determinó su paso a la clandestinidad. Aunque otras fuentes indican que en el transcurso de una pelea en la plaza del pueblo de Pieve di Cesato lanzó una piedra a uno de sus enemigos, alcanzando ésta a una mujer embarazada, que falleció, lo cual le llevó a la prisión, de donde consiguió huir. En cualquier caso la leyenda del atraco y vilezas del teatro de Forlimpopoli parece que llegó a ser tan popular que fue entonada en cantares populares durante décadas. Aunque la actividad de 'Il Passatore' terminó trágicamente en Russi el 23 de marzo de ese año de 1851 al ser delatado ocasionalmente por un mendigo que esperaba recibir alguna recompensa al informar de la presencia de hombres con armas –ya que habían sido prohibidas--, entablándose posteriormente un tiroteo al más puro estilo del oeste americano. Otras fuentes indican que fue traicionado por uno de sus hombres, Lodovico Rambelli, que lo habría identificado a cambio de ciertas prerrogativas que no pudo rechazar. Passatore cayó abatido por los disparos y su cuerpo fue paseado en una carreta por una vasta región para que todo el mundo lo viera antes de ser enterrado. Atrás quedaba un impresionante historial de atracos y muertes que hacían dudar de la faceta filantrópica de este controvertido personaje, que iba para sacerdote pero fracasó en la escuela y debido al trabajo de su padre –barquero del río Lamone, una ocupación al parecer prestigiosa y bien remunerada para aquel tiempo—entró rápidamente en contacto con forajidos, contrabandistas y bandidos. Siempre albergó, por otra parte, un gran resentimiento contra los ricos y llegó a convencerse de que la única solución para combatir su poder era la lucha armada. Lo cierto es que sus andanzas suscitaron antes y después de su muerte la exaltación popular, primero con poemas y cantares y últimamente a través del cine, la televisión, el teatro y la música. En el año 1973 se decidió organizar esos 100 kilómetros que llevan su nombre, para recordar supongo que la parte noble de sus andanzas y por haber ser visto en Florencia cierto día y unas veinte horas más tarde en la ciudad de Faenza, cuando huía a pié de las fuerzas que le perseguían. En cuanto a lo segundo –el conseguir un empleo--, lo primero que haría el corredor de largas distancias venido temporalmente a menos por el inmisericorde efecto de la crisis económica sería visitar a los empresarios que residían en su localidad, que eran muchos, para pedirles una colocación. Pensó que siendo una persona tan conocida, con buena salud física, estudios universitarios y dispuesto a trabajar en cualquier labor digna que se le ofreciese, no habría de tener demasiada dificultad en ser contratado. Llamó en primer lugar a la puerta de José 'El Bigotes', empresario de la construcción que tenía unas naves para almacenaje de materiales no muy lejos de allí y de quien había oído que andaba buscando un vigilante nocturno, después de haber sufrido varios robos en las instalaciones. Tenía una buena relación con 'El Bigotes', el cual siempre lo animaba en todos los proyectos sociales que se traía entre manos en el pueblo, lo que --cierto era-- no pasaba de ser una generosa y afectiva manifestación de buenas palabras y halagos, sin que su colaboración hubiera llegado nunca más allá de esas zalameras lisonjas. Sin embargo ese supuesto afecto le llevó a pensar que si alguien podía sacarle de un apuro sin duda sería esa persona que tanto alababa sus buenas acciones.

De ahí que un buen día tomó la decisión de acudir a la casa del contratista, siendo recibido afablemente por el empresario en batín, pues a la sazón se hallaba 'El Bigotes' en uno de sus momentos de relajación, saboreando --sin duda con merecimiento y como reflejo de su éxito en la vida-- un buen brandy y fumando un puro habano que, al contrario que ocurriera con el tabaco de mala calidad, no apestaba; todo lo contrario, desprendía un aceptable aroma a vegetación chamuscada que distaba mucho de parecerse a aquel humo que en otros lugares le había flagelado el rostro y la garganta como un latigazo al improvisado visitante.

Tras el recibimiento eufórico con un abrazo el corredor fue introducido en una estancia donde una chimenea calentaba con ardientes leños todo el recinto e invitado a sentarse. --¿Qué te apetece tomar?. Ya sé que no bebes, pero una ocasión es una ocasión. Pide lo que quieras...

--Bebo algunas veces y no repudio una buena copa después de comer, si se da el caso --aunque sea como excepción-- o medio vaso de vino con los alimentos. Lo que pasa que últimamente me duele la cabeza nada más que lo pruebo...

--¡Ese deporte...!. Después dicen que es bueno correr...— el barrigudo fue condescendiente.

--No, no es el deporte –de nuevo le salió la vena de hablar cuando debiera callarse--, es que no tengo hábito, porque no voy a las tabernas a decir y escuchar tonterías entre vaso y vaso de vino. Esas tertulias me aburren...

'El Bigotes' frunció el ceño en señal de desaprobación y pareció sentirse un poco herido, pues puede que esa fuera una de sus aficiones. Cuando algo no le agradaba le resultaba muy difícil disimularlo, puesto que sus mostachos prominentes, bien cuidados y puntiagudos se alborotaban inmediatamente. Entonces cambió radicalmente de conversación.

--Bueno, ¿qué te trae por aquí? –quiso saber ya un tanto intrigado.

-- Pues verás...--siempre se habían tratado con cierta familiaridad--, te lo voy a decir sin rodeos: me encuentro sin trabajo y, aunque tengo algún dinero reservado, preferiría estar ocupado y no usar ese ahorro, en previsión de que vengan tiempos todavía mucho peores. Sé que andas buscando un guardia de seguridad para por la noche y pensé que podría serte útil...

El rostro de 'El Bigotes' adquirió varias veces, en décimas de segundos, tonalidades ocres.

--Bueno, pues verás...es cierto que tengo que contratar a alguien y nada más en el mundo me gustaría que poder complacerte. ¿Por qué no se te ocurrió venir antes a verme?.

--Antes no tenía este problema: lo tengo ahora...

--Pues es que...me cago en la...--soltó un improperio, dando la impresión de enfadarse mucho--, voy a decirte la verdad: se te han adelantado y tengo varios compromisos. A uno de ellos casi le ha dado palabra de que podía empezar el lunes próximo. ¡Cuánto lo lamento, hombre!. A ver si cuando me salga alguna cosa más te llamo...

--¡Qué se le va a hacer...!. Entonces esperaré hasta ver que pasa...

'El Bigotes' asintió y con un gesto de cortesía extrema, llevó a cabo un rápido giro sobre sí mismo y echó mano a la botella de excelente brandy.

--¡Tienes que tomar algo, hombre...!. ¡Déjate de beber gaseosa!. ¿Y cómo van esas carreras?. ¿Dónde tienes la próxima competición de 100 kilómetros?.

--Para no desairarte ponme una gota en el fondo de la copa... --accedí casi para congraciarme con él, porque me embargó un tremendo sentimiento de culpabilidad por haberle hecho tal petición de trabajo.

Hablaron unos minutos de unas cuantas cosas intrascendentes, ya con la sonrisa forzada los dos, hasta que el fingimiento se hizo insostenible y el que estaba en la posición de desgracia se levantó, pidió disculpas por las molestias y se fue. El otro quedó en 'avisarle si surgía algo'.

Al cabo de una semana el protagonista de esta historia se enteró que 'El Bigotes' tenía durante todo el día en sus naves a tres emigrantes de Senegal, a los que dejaba vivir en sus instalaciones sin salario y solo a cambio de que día noche alguno de ello le custodiara aquellas propiedades. Ese era el 'compromiso' que tenía adquirido a costa de 'su palabra'.

La siguiente persona a la que se encaminó a visitar nuestro hombre fue a Luis Pandiello, que tenía unas minas de caolín en una zona un poco alejada de allí, ya en las montañas. Pero no le importaba. Estaba acostumbrado a levantarse muy temprano, pues no en vano en su juventud había sido ferroviario y minero y se despertaba al amanecer para encaminarse a la falda del puerto de Pajares, para trabajar en el interior de los túneles o en las cabeceras de estos, donde era frecuente que el terreno se desprendiera con las lluvias y llegara a cubrir las vías impidiendo la circulación de los trenes. Entonces había que sacar rápidamente la tierra --a veces en condiciones muy difíciles y peligrosas-- por donde se podía, incluso monte arriba, para restaurar con presteza lo que la Naturaleza había destruido, en la mayoría de las ocasiones a través de encofrados de difícil ejecución. Por lo tanto el trabajo en las minas no sería para él una novedad.

Tenía conocimiento de que el tal Pandiello estaba necesitando personal para barrenar la galería, pues ya los mineros iban comiendo la veta de caolín de tal forma --mediante destajos-- que la perforación se quedaba corta y el mineral no podía ser evacuado de la veta. Así que se necesitaban barreneros y ayudantes para que prolongaran la oquedad y después, una vez montadas las vías, el maquinista de turno, con su larga riestra de vagonetas, pudiera penetrar más en las entrañas de la montaña para cargarlas de caolín --un mineral muy apreciado-- y volcarlas directamente en una tolva del exterior, bajo la que entraban y salían camiones continuamente para llevar ese regalo de la tierra a los puertos de mar y a algunas fábricas del país. Él nunca había barrenado ni mamposteado la galería, pero perfectamente podría servir de ayudante, dada su experiencia en los trabajos de encofrado, adquirida en los ferrocarriles y en los túneles, en alguno de los cuales había tenido la delicada y peligrosa misión de depurar los costeros. Así que pensó con buen criterio que Pandiello incluso se alegraría de contar con un eficiente trabajador como él, con la ventaja de que quizás confiara más en un vecino que en otra persona distinta localidad, por muy cualificada que ésta estuviera.

Así las cosas se presentó ante la puerta de la casa de Pandiello, un chalet individual de tres plantas, rodeado de un muro y sin cámaras de seguridad, pues unos feroces perros que campaban a su libre albedrío por el interior del cerco se encargaban de, por lo menos, meter el miedo en el cuerpo a cualquiera que intentara penetrar en la finca, ya fuera con buen fin o con intenciones aviesas.

Contestó a través del interfono la empleada de hogar, una ucraniana que todavía no hablaba bien el español, pero que tenía unas evidentes cualidades físicas y un porte altivo. Al parecer en su país había sido ingeniera eléctrica, título que ahora estaba homologando en España para poder dedicarse algún día a esa profesión si le fuera posible, trabajando mientras tanto en la casa de Pandiello por un salario discreto, aunque estaba contenta con su ocupación temporal, porque se la trababa con respeto, no se le metía prisa en las tareas domésticas y tenía la comida y el techo gratis, con lo cual ahorraba gran parte de su paga, con el esperanza y el anhelo de poder traer con ella a España a sus dos hijos en cuanto le fuera posible.

--¿Qué querrer...?—se le enredó un poco la lengua.

--¿Está Luis Pandiello?

--¿Quién?

--El dueño, Luis Pandiello –alzó la voz mientras arrimaba la cara al intercomunicador.

--¿El señorr...?. ¡Esperre....!. ¡Señorr Luis, señorr Luis, le llaman!.

Entonces sonó el vozarrón grave del minero, que retumbó un poco en la calle. Era un tipo muy delgado, de facciones sibilinas y ojos saltones, con la piel un poco aceitunada cubriendo su cara afilada y del cual se contaban historias extrañas. Quienes lo habían visto como Dios lo trajo al mundo cuando solía bañarse completamente desnudo en el río por el verano, decían que tenía un atributo sexual que valía por tres de los normales. Lo cual, unido al dinero que había amasado, era una mezcla explosiva para que nunca le faltara algún romance, a pesar de tener por esposa a una buena moza de las montañas del Rey Don Pelayo, que le había dado ya dos hijos. Y de que todos juntos acudieran los domingos a la iglesia en buena armonía para recibir comunión, a pesar de que era del conocimiento general que tenía un piso en la ciudad para los encuentros con sus amantes.

El minero y su familia siempre iban a misa un poco antes de que empezara el oficio para que a todos les diera tiempo a pasar por el confesionario, en su caso de forma muy breve, casi simbólica. Aunque el resto de los feligreses sabían que eso era una pura comedia entre el cura y el minero, pues el párroco bien conocía lo que aquel facineroso se traía entre manos y que hacía la vista gorda porque Pandiello siempre había sido muy generoso con la institución eclesiástica y en particular con aquella parroquia. Así que según las malas lenguas su efímero paso por el confesionario se reducía nada más a tres o cuatro palabras rutinarias que se cruzaban el religioso y el minero para que el segundo quedara absuelto de las culpas y devaneos de la semana y pudiera comulgar con su amada esposa y sus dos retoños y así dar ejemplo de hombre de bien. <Aquí estoy de nuevo, padre>. '¿Como siempre, hijo mío?'. <Sí, padre, como siempre, no he podido evitarlo...>. 'Pues arrepiéntete, hijo. Reza la penitencia de todas las semanas y procura no volver a pecar'. <Así lo haré padre....>.

Otros decían que se había hecho con su fortuna después de matar a un hombre, tirar su cuerpo al río y robarle los apuntes de unas calicatas que señalaban a ciencia cierta donde había que horadar para que el preciado mineral se desprendiese del tajo y se dejase recoger como el que recopila regodones en un recodo el río. También circulaban otras historias sobre él, pero a cada cual más rocambolesca, por lo que nadie sabía a ciencia cierta a qué atenerse. Eso sí, todo el mundo le mostraba respeto, pues muchos de ellos o sus hijos eran trabajadores de la mina y otros no le negaban la reverencia por lo que pudiera pasar y no caer en desgracia con él, ya que si acaso las cosas se torcían tenía influencias y dinero para echar una mano a cualquiera si quería. Algunos de ellos eran los maridos mancillados, que conspiraban a sus espaldas y le lanzaban miradas siniestras y huidizas, aunque nunca de frente, si bien es cierto que a él tampoco le habría importado en absoluto.

La visita pareció incomodarle, aunque cambió de tono enseguida al ver de quien se trataba:

--¿Ah, eres tú?. Espera un momento, que encierro a los perros y te abro...

Confinó a las bestias entre gruñidos y ladridos lastimosos y llegó presto a la verja de la entrada, toda una celosía de hierros afilados en forma de lanza que ya sin la presencia de los canes desanimaban a cualquiera de intentar penetrar en la refinada mansión. Los goznes chirriaron, la puerta se abrió y las celosías dejaron al descubierto un césped tan verde y recién cortado que desprendía un olor a heno tierno que sublimaba los sentidos.

--Adelante, estás en tu casa –dijo cortésmente el minero, mientras me tendía la mano.

Al poco rato estaba sentado en el amplio salón decorado hasta la saciedad pero con un mal gusto evidente: era una estancia rancia, aunque sin embargo muy confortable. Leonor, la esposa recatada, apareció enseguida con unas pastas en una bandeja y le ofreció café u otras bebidas, a su elección, aunque él optó por el café con evidente agrado. Enseguida llegaron los dos niños de corta edad --varón y hembra--, que a menudo eran llevados por sus padres a los eventos que él organizaba y siempre solían marcharse con algunos regalos. Al fin y al cabo los niños son siempre niños y destilan sinceridad por todos sus poros. No se olvidó tampoco en esa ocasión el corredor de llevar una medalla con su cinta inmaculada para cada uno, pero no les gustó el presente, pues sin duda esperaban algún artilugio que les permitiera dar rienda suelta a su imaginación. Desde luego aquellos metales eran puro simbolismo y no todo el mundo apreciaba las alegorías en su justa medida en todas las ocasiones, menos los niños. Estaba claro que los hijos de Pandiello, seguramente cansados de juegos y cachivaches informáticos, no habían apreciado lo más mínimo lo que esos trozos de metal significaban. Fue un desacierto, un error y pasó ganas de retirarlas con la excusa de volver otro día con otros obsequios más provechosos, pero la astuta Leonor enseguida elogió hasta la saciedad aquellas atípicas dádivas. Y no solo eso: aseguró que habrían de ser dos recuerdos que estarían presentes siempre en los corazones de los niños. Dicho lo cual, él ya pudo sorber el café con más deleite y hasta lo acompañó con una de las refinadas pastas de almendra que la misma Leonor elaboraba, alabando la dulzura y exquisitez de las mismas, lo cual era totalmente cierto.

Una vez que ya no hubo más café que tomar ni el prudente decoro aconsejó saborear más pastelillos, debió de afrontar de lleno la cuestión que lo había conducido hasta allí. Pues además ya se había creado un clima un tanto tenso en el salón --solo disimulado en parte por las banalidades que se decían unos a otros--, ya que Pandiello, como hombre de mundo que era, bien sabía que las visitas de cumplimiento --en el caso de individuos como él-- de corteses solo tenían el nombre y que casi siempre en ellas había gato encerrado, pues quienes no pertenecían a su clase social llegaban a su mansión más bien para pedirle algo que para dárselo. Así que sus ojos vivarachos parecían ya no ver la hora en la que se desvelara el misterio de aquel encuentro un tanto anormal e intrigante, pues de un pobre desgraciado como era aquel huésped siempre se esperaba que recabase algún amparo, socorro o protección, pues en sí mismo poca cosa tenía que ofrecer. En consecuencia, debía venir a solicitar algún favor...

--Pues, nada....Luis --se atragantó un poco el invitado— me atreví a molestarte porque estoy atravesando un mal momento. Me he quedado sin trabajo y no quería echar mano de algunas reservas económicas que tengo, por lo que pueda suceder...

Pandiello hizo un gesto de desagrado casi imperceptible, pero de los que hasta los hombres venidos a menos --como era su caso ahora-- advierten, por muy cerriles que sean. Leonor pareció lamentarlo sinceramente y en su rostro se reflejó una expresión de frustración y algo de pena.

-¡Vaya por Dios, al perro flaco todo son pulgas! –dijo enseguida la buena señora, pero con tal infortunio que su plegaria no fue del agrado del minero.

--Mujer, tampoco es para tanto...Siempre fue una persona querida y respetada en este pueblo. ¡Ya quisiera yo que a mi me apreciara todo el mundo como a él!. Lo que pasa es que hay momentos malos en la vida de una persona. Y este parece ser uno de ellos. ¿Y cómo te puedo ayudar?.

--Sé que necesitas alargar la bocamina y que te haría falta algún barrenista y ayudantes.

--Sí, es verdad, puede que necesite algo...—se rascó la frente huidiza y meneó sin querer la cabeza. ¿Y te defenderías como barrenador?.

--Nunca lo he hecho directamente, pero he estado ayudando muchas veces a quienes perforaban en los túneles. Ya sabes que, por suerte o desgracia, hasta ahora pasé por trabajos que requieren un cierto nivel de destreza y sacrificio. Podría empezar de ayudante...

--Eso me parece bien –enfatizó el minero, liquidando de un trago el poso de la copa, como queriendo cerrar el trato con el último sorbo--. ¡Pues no se hable más de ello!. Si no nos ayudamos entre los vecinos, ¿quién va a hacerlo?. Tú márchate tranquilo que yo te aviso...

-No quiero molestar más...

-Nada hombre, nada, lo que necesites. Para una persona como tú, que siempre está haciendo cosas por los demás, lo que haga falta...

El minero condujo a nuestro hombre hasta la puerta, dándole palmaditas en la espalda, después de que se hubiera despedido cariñosamente de Leonor y los niños. Tras sí la celosía metálica chirrió de nuevo. Dos mundos contrapuestos acababan de sellar un pacto hacía unos segundos. Pero ahora, con el cierre de la verja, era como si esas dos facciones del universo se hubieran separado de nuevo y el corredor de largas distancias se enfrentó otra vez a su mundo a su soledad. Tenía algún dinero ahorrado y podría seguir alimentando a su familia durante un tiempo, no demasiado. También deseaba reservar algo de esa parca fortuna para su viaje a la Emilia-Romagna, en el norte de Italia, para tomar parte en la carrera de 'Il Passatore'. Pero confiaba en que el minero cumpliera su palabra. ¿Por qué no iba a hacerlo?. Le había asegurado que lo contrataría; no inmediatamente, pero lo haría. Así que podía estar tranquilo, ya que sus vecinos lo apreciaban y si no era en un lugar sería en otro, pero alguno de ellos habría de ayudarle a superar aquel mal momento.

Para no perder el tiempo y mientras llegaba la llamada de Pandiello se dedicó a hacer algunos arreglos que tenía pendientes en la vivienda, a ayudar a su esposa con más intensidad en las tareas de la casa y a estar pendiente de los niños más tiempo que cuando estaba trabajando. También tuvo momentos para entrenar con energía –protegiendo su tejido articular con las oportunas dosis de <artilane>-- para su próxima y anhelada cita italiana. Mientras su figura algo encorvada se perdía por los confines de las laderas de las montañas tuvo tiempo para pensar. En una de estas salidas al campo le vino a la cabeza lo que escribía Millariega en 'Historias de la Maratón, los 100 km. y otras largas distancias' <*...mientras se practica la carrera continua —sobre todo en solitario y por entornos adecuados— se medita en profundidad, casi como en ningún otro lugar o situación. A menudo los problemas que nos plantea la vida diaria los resolvemos corriendo. Si tenemos una dificultad, la empezamos a afrontar desde la peor de sus caras. A partir de ahí las cosas irán mejorando, sencillamente porque ya no podrían empeorar más. El corredor o corredora soluciona muchos de los dilemas de su vida corriendo. Al mismo tiempo que el cuerpo va alcanzando un grado óptimo de trabajo mecánico, el cerebro parece lograr también, al unísono y por ciertos espacios de tiempo, un clímax apropiado para la* *producción de ideas de la más variada naturaleza. Pero ello hasta un cierto punto, hasta un umbral, traspasado el cual los pensamientos comienzan a ser negativos y hay que estar preparados para luchar continuamente contra ellos, como ocurre en los entrenamientos extenuantes de varias horas y en las carreras de ultradistancia. O sea, que el intelecto es floreciente y fecundo solo por un tiempo. Luego llegará el momento de inflexión y el posterior declive anímico, instante a partir del cual posiblemente ya no interesará seguir especulando en el mundo de las ideas. Porque cuando te entrenas durante varias horas seguidas y el agotamiento te termina atenazando es probable que tu mente comience también a involucionar, resultando habitual que rebobines toda tu existencia en un breve espacio de tiempo. Y puede que los fotogramas de tu vida te empiecen a desfilar por la cabeza, hirientes muchos de ellos y a menudo despiadados. Como si te fueras pidiendo cuentas a ti mismo, en cada paso, en cada zancada, recuerdo a recuerdo, momento a momento... Y entonces esos retales de película se vuelven macabros, porque parecen querer mostrarte la inmensidad de cosas que has hecho mal en la vida y todo cuanto has dejado en el camino por no haber tomado la senda correcta, ser pusilánime en ocasiones, insumiso con el poder o simplemente porque el destino quiso que la pelota cayese en tu campo, en vez de superar la red y aterrizar en el contrario, en aquél 'match' decisivo. Lo que hubieras podido ser y no has sido si un día, hace muchos años, hubieses decidido aprovechar mejor el tiempo y quizás convertirte en un hombre 'normal', en vez de quedarte extasiado al ver en una revista la foto legendaria de un etíope llamado Bikila, que al llegar al Obelisco de Axum, que los italianos habían robado a su pueblo en 1937, demarró ante el marroquí Abdesalam y ganó la maratón olímpica de Roma corriendo de noche descalzo y a la luz de las antorchas. Y te echaras a la calle con descaro, intentando emular humildemente, una parte al menos, del comportamiento de aquél africano austero y sencillo...>*

No era cosa de despreciar tan sabios consejos. Así que mientras el sudor se le escapaba a chorros y la Naturaleza se fundía con él en un todo, decidió reordenar las ideas y llegó a la conclusión de que Luis Pandiello no le parecía mucho de fiar y que bien haría si no cejaba en su empeño de lograr un empleo que asegurara su sustento y el de la familia. Por lo tanto decidió no tomar demasiado en cuenta las buenas palabras del minero y siguió pidiendo --casi suplicando— un empleo en varias empresas más de su localidad y en un ámbito territorial donde era sobradamente conocido, para no jugárselo todo a la carta del empresario del caolín. Pero todos sus intentos fueron en vano, pues aunque nunca recibió una negativa directa, a la hora de la verdad nadie se acordó de él. Como tampoco cumplió lo aviesamente prometido Pandiello –bien había estado el no confiar en él--, que hizo lo que más convino a sus intereses al fin y a la postre: emplear como ayudante de barrenista al hijo del concejal de urbanismo del Ayuntamiento de su municipio, lo cual le venía muy bien de cara a allanar las trabas legales que la administración local le ponía a la hora de construir unas casetas que habrían de servir de vestuario al personal, además de para cargar de electricidad las baterías de las lámparas y guardar ciertas herramientas --a veces pudiera ser que hasta dinamita y otros pertrechos--, algo prohibido por la legislación. Pero, una vez que el Ayuntamiento hubiere concedido la licencia de obras, ya estaría parte del camino andado y el resto sólo consistiría en seguir sobornando a diestro y siniestro.

Cuando nuestro hombre se enteró de la noticia no se afligió demasiado, porque ya había preparado su mente para un supuesto infortunio, pero lo que no pudo evitar fue que le embargara un profundo sentimiento de desprecio hacia la especie humana y tuvo la sensación de haber sido utilizado una vez más. Aunque eso no era nada nuevo. Estaba acostumbrado a que se le dejase entrar en las casas, a que incluso se le invitase en ellas. Pero era puro compromiso, pues cuando abandonaba las mismas retornaba a la exclusión social en la que siempre se había movido. Se le daba confianza y ciertas esperanzas, pero solo hasta un cierto punto, porque se prefería que sujetos de su condición se movieran al margen de sus organizaciones de ciudadanos de buena calidad. Y él era un metal innoble que debía mantenerse apartado de los hierros acerados que habían sido fundidos y forjados siguiendo la tradición, como mandaban los cánones, pues no se podía permitir que su herrumbre inmunda infectara a los demás metales. Entonces se le vino a la mente el pasaje del Génesis 6: 'Jeovah vio que la maldad del hombre era mucha en la tierra y que toda tendencia de los pensamientos de su corazón era de continuo solo al mal. Entonces Jehová lamentó haber hecho al hombre en la tierra y le dolió en su corazón...'.

IV
LA MISIÓN

Siempre hubo hombres y mujeres excepcionales sobre la faz de la tierra. Sencillos y humildes que entregaron todo, incluso su vida por los demás. Antes navegaban en carabelas a lejanos continentes o cruzaban desoladas estepas, para poner a disposición de los desprotegidos de otros mundos sus conocimientos, habilidades y humanidad. Aunque a veces también para dominarlos, someterlos y saquearlos. Pero quedémonos con el lado bueno, porque también hubo quienes de entre ellos se opusieron frenéticamente a los de su raza contra esos desmanes. La Historia da cuenta de esos evangelizadores en todo tiempo y lugar, desde los misioneros de la Iglesia primitiva, en los primeros siglos después de la venida de Nuestro Señor Jesucristo, hasta los apóstoles godos o a Cirilo de Tesalónica. Fueron hombres y mujeres singulares, que siempre transmitieron un mensaje distinto al que difundían los conquistadores y facinerosos. Su aureola brillaba con luz propia y muchos de estos personajes casi convencían con su sola presencia, aunque fueron numerosos los que perdieron la vida en el intento. Así ha sido a lo largo de los siglos y siempre continuarán existiendo esas personas de bondad sobrenatural, que encuentran su propio placer ayudando a paliar la desgracia ajena. O que, sin hallar precisamente ese goce, escuchan una voz interna que les lleva a sacrificarse por los demás hasta límites insospechados. Aunque con el paso de los tiempos sus formas, métodos y estilos van cambiando. Ahora ha surgido una nueva especie de ellos: la de los corredores de ultrafondo de ambos sexos, que se embarcan en retos que entrañan un gran sacrificio, con el objeto de remover las conciencias y recaudar fondos, casi siempre para causas perdidas o dejadas de la mano de Dios.

Yo siempre creo que estos nuevos 'misioneros' son una reencarnación de los monjes post-colombinos, quizás por esa predilección mía que nunca oculté por la vida, forma y costumbres de los países hispanoamericanos. Como la de estos actuales profetas de los desamparados embarcados en desafíos de ultradistancia, la vida de los misioneros del mundo que acababa de descubrir Cristóbal Colón estuvo repleta de sacrificios y privaciones. Debieron adaptarse a un nuevo hábitat, a diferentes alimentos, a una lengua distinta y además el entendimiento con los indígenas no siempre fue fácil. También estos hombres y mujeres de ahora --los 'ultras' de los duelos humanitarios—tienen que inmolar su vida, ofrendar su tiempo libre y muchas veces contar con una familia buena y comprensiva. No suelen ser gente que disponga de grandes medios económicos, por lo que deben destinar a tan noble empresa una parte de sus salarios o emolumentos. Quizás haya quien me reproche esta comparación, en la creencia de que tales martirios --los de los antiguos monjes o sacerdotes y los nuevos cooperantes, sean legos o clérigos-- no encuentran parangón. No voy a discutirlo, pero sí puedo decir al lector o lectora que conozco de primera mano la inhumana mortificación que supone correr 24 ó 48 horas, cuando la mente se resiste a seguir, las piernas flaquean y el cuerpo se encorva y retuerce. Y créanme: el organismo se revela lo mismo ante la inmolación a la que se le somete ya sea el fin tan caballeresco como recaudar fondos o alimentos para los desamparados o más lúdico, como cuando se corre por mero espíritu deportivo o aventurero. En todo caso tómese como un paradigma y también como una apreciación personal, aunque me gustaría que los lectores creyeran, al igual que yo, que se puede establecer una hegemonía dialéctica entre aquellos entregados hombres de Dios y los altruistas corredores de larga distancia actuales.

Porque si mucha fue y es la abnegación de quienes desarrollan su labor solidaria a pie de campo no lo es menos la de aquellos que persiguen el beneficio de los demás desde la lejanía, aunque entregando todo su corazón. Las carreras de 24 horas --y no digamos las de 48-- se hacen eternas, aunque el fin sea tan magnánimo como el de la solidaridad humana. En ellas la estrategia y el control de los pensamientos negativos resulta determinante. Corredores con bajo poder de aislar la ansiedad o las malas sensaciones corporales tendrán grandes dificultades para culminar sus retos, al igual que atletas ya extenuados desde las primeras horas. En todo caso, llegado un punto hay que contar con que invadan al sujeto los sentimientos más derrotistas, se cuestione lo que se está haciendo, la mirada se extravíe en el infinito, el cuerpo se ladee y deforme, las piernas pierdan cadencia y los pies se arrastren.

En la jungla central del Perú se celebra también un reto --una carrera con bicicletas-- para conmemorar las proezas que en el siglo XVII grupos de misioneros efectuaron a través de las montañas y selvas. Las dos grandes etnias que poblaron esas regiones fueron los ashaninkas (campas) y los yaneshas (amueshas), que entraron en contacto con los evangelizadores y con los intrépidos aventureros que buscaban 'El Dorado'. En 1635 Fray Jerónimo Jiménez fundó la misión de 'El Cerro de la Sal', tras descubrir el codiciado túmulo. Quien este libro les escribe, que ha corrido algunas carreras de larga distancia que le resultaron infrahumanas, está intentando establecer --no sabe con qué éxito-- un cierto paralelismo entre los antiguos misioneros y los actuales cooperantes y esa nueva forma de sufragio representada por los entusiastas de los duelos contra sí mismos en los que ofreciendo su cuerpo y su alma durante las muchas horas que se pasan corriendo intentan recaudar bienes o prebendas para los más necesitados, prácticamente sin detenerse y sin dormir, como ejercicio de supremo holocausto. Sin duda los métodos y los contextos son diferentes, pero qué duda cabe que existe un parangón evidente entre ambas actitudes. Ello con independencia de que en los documentos históricos que nos llegan acerca de las tribulaciones de los predicadores del Nuevo Mundo quede patente un estoicismo sin límites, prolongado en el tiempo y a riesgo de la propia vida. Porque cuando leemos, por ejemplo, las crónicas del historiador peruano Juan Luis Orrego Penagos sobre los tormentos y aflicciones de los divulgadores de las creencias en Dios y las propuestas de la Iglesia en aquellos primeros años de la bien o mal llamada colonización, uno no puede más que quedar realmente impresionado por la crudeza de los relatos:

El verdadero interés por la selva central surgió a mediados del siglo XVII cuando se descubrieron las minas de plata de la vecina zona de Cerro de Pasco, que influyó en la orientación de la producción de esta región de la montaña. Recordemos, además, que a lo largo de los siglos XVII y XVIII, las minas de Pasco competían con las de Oruro por el segundo lugar de la producción de plata, luego de las de Potosí. Este auge minero de la sierra central, una zona tradicionalmente poco habitada, atrajo un fuerte flujo de población.

No por casualidad los primeros misioneros que exploraron la selva central salieron del convento franciscano de Huánuco. Sin duda fueron los frailes y clérigos los que exploraron la selva --llevando la evangelización, la Biblia y la cruz—y los forjadores de la integración de la amazonía al territorio del Virreinato, primero, y la República peruana, después. Fueron ellos también los que escribieron la historia, describieron la geografía y estudiaron las lenguas y las costumbres de los pueblos amazónicos. Los testimonios dan cuenta de más de 140 pueblos fundados por ellos. Existen unas 170 crónicas con descripciones e informes de valor incalculable. Hoy centenares de miles de aborígenes que hablan español, profesan la religión católica y votan en las elecciones debe tenerse en cuenta que lo hacen gracias a esta larga historia que se remonta al siglo XVII.

En efecto, si llevamos este tema al terreno puramente histórico, la acción de los misioneros en la Amazonía, durante los siglos XVII y XVIII, ha sido objeto tanto de duras críticas como del reconocimiento por los esfuerzos que realizaron por 'civilizar' a los indios amazónicos. Fueron los jesuitas y los franciscanos quienes jugaron un papel fundamental en el proceso evangelizador del oriente peruano. En este sentido, la actividad misional fue apoyada por la fuerza de las armas, empleada especialmente cuando la población aborigen oponía resistencia.'

Para el padre Armando Nieto, la historia de estas misiones es grandiosa y estimulante por el heroísmo desplegado debido a las dificultades y obstáculos enormes de todo tipo: impenetrabilidad de los bosques, peligros mortales de pongos --indios-- y turbiones, clima tórrido, pesado y malsano; fieras y serpientes, enfermedades tropicales, hostilidad y desconfianza por parte de las tribus; la barrera lingüística por la infinidad de dialectos; carencia absoluta de comodidades y de un mínimo de existencia civilizada. En realidad, cuando leemos las relaciones o crónicas de los misioneros se percibe una dedicación casi sobrehumana, alentado por el impulso de la fe, capaz de sobrellevar cualquier tipo de adversidad.

Jesuitas y franciscanos se repartieron el territorio. Los jesuitas cubrieron la región nororiental, especialmente la zona comprendida por los ríos Marañón, Amazonas, Napo, Ucayali y parte del Huallaga. Su centro de operaciones estuvo en Quito. Desde allí penetraron, siguiendo la ruta de Orellana, hasta fundar Maynas, en 1638. Los frailes de San Francisco fueron los que se reservaron la selva central. Pero, a diferencia de los jesuitas, los franciscanos tuvieron que enfrentarse a una resistencia mucho mayor por parte de los grupos a quienes pretendieron 'civilizar'.

Ya en 1580 los franciscanos habían fundado un convento en Huánuco. Desde allí incursionaron por el

Huallaga donde fundaron varias 'reducciones' en el señorío de los panatahuas. Un año especialmente clave fue 1635 cuando intentaron llegar al 'Cerro de la Sal', sabiendo que a ese lugar acudían grupos de diversas tribus para aprovisionarse de aquel producto. Por eso fundaron el pueblo de Quimiri (La Merced), en las inmediaciones del 'Cerro', con el propósito de conquistarlo.

Pero, ¿qué era el 'Cerro de la Sal'?. Este promontorio se ubica a unos tres kilómetros del actual pueblo de Puente Paucartambo, sobre la margen izquierda del río del mismo nombre, en los límites del territorio amuesha y ashánika. Es una suave pendiente que conduce hasta el pequeño río de la Sal, tributario del Paucartambo que, al cruzarlo, se hace más fuerte y es a partir de allí sonde se encuentra la mayor parte de los yacimientos. El cerro está cubierto por una espesa vegetación. Ya que era uno de los principales centros de abastecimiento de sal en la región, atraía cada año a un número importante de indios, incluso de lugares tan distantes como el Ucayali o el Urubamba, quienes llegaban por la tierra o el río para abastecerse de sal. Si bien la explotación del 'Cerro' se realizaba en forma consensuada y aparentemente era un enclave interétnico, los amuesha y asháninkas, por vivir en las cercanías, eran los que sacaban mejor provecho del 'Cerro' al cortar los bloques de sal e intercambiarlos por los productos de los indios que llegaban de otras zonas. Sabemos que este interesante 'mercado' funcionaba desde los tiempos prehispánicos y su valor no solo era material sino también sagrado: la sal era un don de los dioses para ser utilizado por todos.

Hacia principios del siglo XVII, surge la noticia que en el 'Cerro de la Sal' había oro, lo que ocasionó una importante presencia de colonos españoles en la zona. Pero no fue sino hasta 1645, aproximadamente, cuando el 'Cerro' fue casualmente descubierto por fray Jerónimo de Jiménez quien, en una incursión misional, encontró allí a un grupo de indios amueshas. La actitud pacífica de los nativos, en un primer momento, animó al padre Jiménez a establecer una capilla en el lugar.

De esa forma los franciscanos consideraron estratégico instalar una misión en las inmediaciones del 'Cerro de la Sal'. Pero luego, cuando los indios dejaron su actitud dócil, los frailes llegaron a la conclusión de que controlando y restringiendo el acceso al 'Cerro' podrían vigilar a los recién conversos y expandir su radio de acción. Ya en 1686, el padre Biedma lo reconocía: <El medio que yo hallo más fácil para recoger, no solo las almas que tenemos reconocidas por dichos lugares, sino muchas más y que asegurará la conversión, conservando los ministros y nuestra santa ley, es que se recogiese el 'Cerro de la Sal' por parte del Rey o que se diese a algún particular por conquista o encomienda… y situándose con gente española, no se diese, ni permitiese sacar sal a los infieles, sino llevasen papel de nosotros los ministros de por acá…>.

Por su parte, el misionero José Amich --termina así la exhaustiva explicación de Orrego Penagos--nos presenta la siguiente descripción: <En este paisaje se eleva dicho cerro como un pan de gran altura, poblado de monte, excepto en la cumbre que solamente tiene algunos matorrales de palmas… Tiene una veta de sal, que desde lo alto corre al suroeste por espacio de más de tres leguas y otras tantas hacia el noreste; con un ancho regular de treinta varas. La sal es de piedra mezclada con algún barro colorado… El 'Cerro de La Sal' es muy famoso por el gran concurso de indios infieles, que de las naciones más remotas de la montaña acuden a él a por sal, porque dentro de la montaña no hay salinas: entonces les es forzoso venir a este cerro a buscarla, los uno para su uso y consumo y otros para comercializar con ella otras cosas que necesitan las otras naciones… Es un verdadero punto estratégico y fray Jerónimo Jiménez, construyó en él una capilla con el nombre

de San Francisco de Salinas. Luego fundó el pueblo de Quimiri con el nombre de San Buenaventura de Quimiri, a la izquierda de las orillas del río Chanchamayo. En esta gesta de conquista misionera en la ruta descrita, también intervino el padre Cristóbal Larios, que en compañía del fray Jiménez fueron muertos con flechas por los nativos en el año de 1637>.

Vemos pues, como se desprende del relato del gran historiador peruano, que enormes fueron los sacrificios de aquellos hombres de Dios. Pero que también había avaricia y un desmedido afán de sometimiento por parte de ellos mismos, los Gobiernos y los jerarcas de la Iglesia, lo cual colmó la paciencia de los aborígenes. Su etnocentrismo y afán de dominación forzosa terminó volviéndose contra ellos. Porque los pueblos difícilmente renuncian a sus raíces: a lo sumo las comparten. De todas formas --aparte los desmanes del pasado-- la gran labor de misioneros y cooperantes antes y ahora está fuera de toda duda. No solo de los hombres, sino que de numerosas mujeres que en muchos campos --medicina, educación, ayuda humanitaria...-- entregan lo mejor de sí mismas (su propia vida, en ocasiones) para intentar mitigar la desgracia de los pobres, conscientes de que <...la ignorancia y el oscurantismo no han producido en todos los tiempos más que rebaños de esclavos para la tiranía> (Emiliano Zapata). Y que como fray Jerónimo Jiménez y el padre Cristóbal Larios a veces pagan con su vida su filantropía o bien se ven despechados o desterrados al cabo de un tiempo. Pero por otra parte este rechazo de los pueblos aborígenes no ha de causarnos extrañeza si tenemos en cuenta las vejaciones a las que fueron sometidos por gobiernos y terratenientes. Y para una mayor comprensión de esas afrentas, ultrajes y escarnios hemos querido rescatar aquí el resumen –fuente: 'Wikipedia, The Free Encyclopedia'—de un cuento que es un clásico de la literatura, 'El sueño del pongo', del gran escritor peruano José María Arguedas:

'Un siervo indio se dirige a la casa hacienda para cumplir su turno de pongo o sirviente, según la usanza feudal en los latifundios de la sierra peruana de la época (principios del siglo XX). Era un hombrecito de cuerpo esmirriado y con ropas viejas. Solo con verle, el patrón se burló de su aspecto y de inmediato le ordenó hacer la limpieza. El pongo se portaba de forma muy servicial: no hablaba con nadie, trabajaba callado y comía solo. El patrón tomó la costumbre de maltratarlo y fastidiarlo delante de toda la servidumbre, cuando ésta se reunía de noche en el corredor de la casa para rezar el Ave María. Obligaba al pongo a que imitara a un perro o a una vizcacha --roedor grande--. El pongo hacía todo lo que le ordenaba, lo que provocaba la risa del patrón, quien luego lo pateaba y lo revolcaba en el suelo. Incluso los demás siervos no podían contener la risa al ver tal espectáculo. Y así pasaron varios días, hasta que una tarde, a la hora del rezo habitual, cuando el corredor estaba repleto de la gente de la hacienda, el pongo le dijo a su patrón: <Gran señor, dame tu licencia, padrecito mío, quiero hablarte>. El patrón, asombrado de que el hombrecito se atreviera a dirigirle la palabra, le dio permiso, curioso por saber qué cosas diría. Entonces el pongo empezó a contarle al patrón lo que había soñado la noche anterior: ambos habían muerto y se encontraron desnudos ante los ojos de San Francisco, quien examinó los corazones de los dos. Luego el santo ordenó que viniera un ángel mayor *--acompañado de otro menor—y que trajera una copa de oro llena de miel. El ángel mayor, levantando la copa, derramó la miel en el cuerpo del hacendado y lo enlució con ella desde la cabeza hasta los pies. Cuando le tocó su turno al pongo, San Francisco ordenó a un ángel viejo: <Oye viejo: embadurna el cuerpo de este hombrecito con el excremento que hay en esa lata que has traído; todo el cuerpo, de cualquier manera; cúbrelo como puedas y rápido>. Entonces el ángel viejo, sacando el excremento de la lata, impregnó todo el cuerpo del pongo, de manera tosca. Hasta allí parecía que esa era la justa retribución de ambos y así creyó entender el hacendado, que escuchaba atento tal relato. Sin embargo, el pongo advirtió rápidamente que allí no terminaba la historia, sino que*

San Francisco, luego de mirar fijamente a ambos, ordenó que se lamieran el uno al otro, en forma lenta y por mucho tiempo. El viejo ángel rejuveneció y quedó vigilando para que la voluntad de San Francisco se cumpliera'.

Pero –mientras reflexionamos sobre el cuento de Arguedas—sigamos con esta nueva estirpe de 'misioneros', los ultrafondistas que protagonizan grandes desafíos solidarios, unos hombres y mujeres que, salvo accidente o fatalidad, no exponen su vida, solo inmolan su cuerpo, su familia y en ocasiones una parte de su peculio --desde luego siempre resentido en estos avatares--, buscando una nueva forma de colonización que en lo más profundo de su ser no deja de tener las raíces fraternales de las que gozaba toda esa acción pretérita de pioneros que buscaban principalmente el bien de la especie humana. Uno de los representantes de esta nueva estirpe de 'evangelizadores' es Demetrio Álvarez Cómez, que reside en el Principado de Asturias y que dedica una parte de su vida a ayudar a los demás. A primera vista y desde la perspectiva del profano algo no muy difícil si se posee el don de correr grandes distancias resistiendo el dolor y la fatiga. Pero pensar así no dejaría de ser un error pueril, pues en la trastienda de estos héroes del asfalto hay más, mucho más...: el diseño del objetivo benéfico y humanitario, la preparación de la complicada logística, la abnegada adaptación del cuerpo al gran esfuerzo al que se le va a someter e intentar darle la difusión debida, para que la gesta sea conocida y cuente con una altas cotas de popularidad que permitan llevar a cabo una significativa recaudación. Porque se puede estar corriendo muchas horas, muchos días, pero a final el esfuerzo resultaría baldío si no se logra implicar en el proyecto a numerosos compromisarios, hombres y mujeres. Es la parte en la que quizás nadie piense y que ocupa un gran espacio en la vida de estos adalides de la magnificencia.

La solidaridad humana tuvo diferentes matices y enfoques a lo largo de los tiempos, aunque el sentido que aquí le pretendemos dar es el de adhesión a una causa o a un proyecto de terceros desprovistos de la capacidad suficiente para conseguir un fin por sí mismos. Es un sentimiento común --tal vez un valor-- que poseen una serie de personas, lo que hace que compartan los mismos ideales. Sería lo que el sociólogo Emile Durkheim definió como conducta 'orgánica' --a diferencia de la 'mecánica'--, caracterizada por una interdependencia entre los grupos sociales, como base de su cohesión. En otros tiempos se habló de piedad o de beneficencia y hubo momentos en que se sustituyó --o al menos se solapó-- con fraternidad, cuando este vínculo se explicaba desde la religión o desde el siempre discutible pensamiento político. Pero ahora estos nuevos apóstoles del 'ora et labora' quizás entiendan esa acción en favor de los demás como una nueva forma de benevolencia del hombre libre que, siendo de naturaleza egoísta, también es cierto que puede ser altruista. Qué duda cabe que pasa a ser un concepto antropológico, al tratarse de un sentimiento común que traspasa fronteras y naciones.

¿Cómo se entra en el mundo del altruismo generoso a través del ultrafondo?. Pues, ya se trate de un hombre o una mujer, lo cierto es que hay que estar habituados a correr largas distancias, porque pueden existir muchas formas de colaborar con los necesitados, aunque aquella de la que yo les hablo es la llevada a cabo por personas que sacrifican su cuerpo y su mente durante mucho tiempo, ofreciendo con ello un generoso holocausto capaz de ser valorado como tal por una serie de seguidores y acólitos de la causa, que verán en la hazaña una forma de transmisión global del sentimiento más noble del hombre o de la mujer hacia la injusticia. Ese es el primer requisito: el segundo ser una buena persona, ya sea esta una condición innata o aprendida, pues es difícil que sentimientos innobles nos puedan conducir a tamaños sacrificios por los demás, ya que sin un código moral que guíe el curso y la realización de la propia vida sería del todo imposible. Ello como contraposición al egoísmo racional, según el cual la supervivencia humana no se puede concebir sin que cada cual agarre el botín del momento.

Demetrio Álvarez Cómez tiene a la hora de escribir este libro 40 años. Nació en un pequeño pueblo de Suiza, Appenzzel, famoso por sus quesos, sus montañas y sus pistas de esquí. Cree que es hermoso el hecho de aunar deporte y solidaridad, porque, como dice 'siempre estaré al lado del que me necesite, porque en este mundo cada uno va a lo suyo y no hacemos más que lamentarnos por todo, sin intentar cambiar nada; yo aporto mi grano de arena, buscando concienciar a la sociedad de que si se quiere conseguir algo se puede lograr...'. Había sido jugador de béisbol y empezó a correr para sentirse mejor, después de mirarse un día en el espejo y comprobar que le sobraban unos cuantos kilos. A la mañana siguiente salió a trotar sin rumbo y al enfriarse después su cuerpo le dolían tantos músculos que algunos de ellos ni sabía que existían. Pasado un tiempo tomó contacto con las pruebas de media maratón y después con las maratones, corriendo varias de ellas, hasta que ya empezó a combinar la carrera continua con otra de sus grandes pasiones, la montaña. De ahí el paso a los 100 kilómetros, a las 24 horas y a otras pruebas de resistencia extrema. Después llegó a la conclusión de que tenía que utilizar todo ese torrente de energía física y mental para procurar ayudar a los demás. Aunque reconoce que gran parte del mérito es de su mujer, que 'siempre tiene para mí una palabra de aliento, un abrazo y un beso'.

Una de sus últimas acciones humanitarias fue la de recorrer 539 km en 5 días por el 'Camino de Santiago', entre Burgos y Santiago de Compostela, al objeto de que su esfuerzo y sacrificio sirviera para recaudar fondos en favor de los niños y niñas afectados por el 'síndrome de Rett' y al mismo tiempo dar a conocer la enfermedad, porque es una de esas dolencias que afectan a minorías y como tal no reciben ni la atención ni los recursos necesarios para que los científicos sigan penetrando en sus escurridizos entresijos. De hecho los padres que tienen niñas y niños afectados por el síndrome deben recaudar trescientos mil euros en el plazo de tres años para que se pueda seguir investigando sobre la enfermedad.

El 'síndrome de Rett' es un trastorno neurológico de base genética. Fue descubierto en 1966 por el doctor austriaco Andreas Rett Wiener --murió en abril de 1997 en Viena--, que describió 22 casos de niñas a través de un artículo en una publicación médica alemana, aunque dicho estudio pasó bastante desapercibido. Sin embargo, a finales de 1983 el médico sueco Bengt Hagberg y otros colegas de Francia y Portugal publicaron en inglés en una revista de gran difusión el resultado de un nuevo estudio sobre el 'síndrome de Rett' que comprendía 35 casos. El año siguiente, en una conferencia que tuvo lugar en Viena, se aportaron documentos clínicos y nuevos datos bioquímicos, fisiológicos y genéticos. En Enero de 1985 el doctor Rett visitó el 'Instituto John F. Kennedy' para niños minusválidos en Baltimore, Maryland, donde su colega Hugo Moser organizó la primera reunión sobre el síndrome que tuvo lugar en los Estados Unidos. Posteriormente el doctor Andreas Rett examinó a 42 niñas que habían sido diagnosticadas como casos potenciales, lo que dio lugar a mejores dictámenes posteriores y a la difusión de la afección.

El desorden no es evidente en el momento del nacimiento, pues se manifiesta generalmente durante el segundo año de vida y en todos los casos antes de los 4 años. Afecta preferentemente a niñas y las estadísticas muestran una prevalencia aproximada de una de cada diez, doce o quince mil nacidas vivas. Puede observarse en ellas un retraso grave en la adquisición del lenguaje y en la coordinación motriz, así como un estancamiento mental importante y severo. La pérdida de las capacidades es por lo general persistente y progresiva, haciendo al enfermo dependiente de los demás para el resto de la vida. Los bebés parecen crecer y desarrollarse normalmente al principio, pero después dejan de hacerlo y hasta pierden sus destrezas y habilidades. Por ejemplo, paran de hablar, aunque antes solían decir ciertas palabras. Pierden su pericia para caminar bien, a pesar de que ya podían hacerlo normalmente. Dejan de usar las manos para hacer cosas --si bien ya habían comenzado a sujetar y a señalar objetos-- y a menudo desarrollan movimientos repetitivos o estereotipados con ellas, como retorcérselas, aplaudir o darse palmadas o golpecitos. Dejan de responder y de interactuar normalmente con otros, a pesar de que antes sonreían a los demás y les seguían con sus ojos. Hasta hace poco los investigadores pensaban que el 'síndrome de Rett' afectaba solamente a las mujeres, pero ahora saben que también produce efectos dañinos en un número reducido de varones. Aunque muchas de las personas damnificadas viven hasta los 40 ó 50 años, no tienen una vida fácil. Muchas de ellas no pueden caminar ni hablar, aunque consiguen comunicarse con los ojos. Una gran parte necesita dietas, tratamientos y educación especial.

Demetrio Álvarez Cómez eligió el 'Camino de Santiago' para luchar en favor del 'Rett' porque una vez esa ruta peregrina le sirvió de guía espiritual y le valió para volver a reencontrarse consigo mismo, ya que un buen día, años atrás, se había hallado en esa senda perdido y sin rumbo. Iba a coger un tren en sentido contrario, pero el 'Camino' ejerció su hechizo sobre él y le hizo seguirlo. Así llegó hasta el Apóstol Santiago caminando día tras día, noche tras noche, hasta que inesperadamente algo iluminó su vida y cambió el curso de la misma para siempre. Fue como cuando el doctor George Sheehan —falleció en noviembre de 1993— comprendió que <...llegamos a engañarnos incluso a nosotros mismos. Pero antes o después ponemos en cuestión el trayecto que se nos ha trazado...Si se logra la pericia de escuchar al propio cuerpo, se llegará --antes o después-- a oír la totalidad del propio ser, la persona única y compleja que somos cada uno de nosotros...Yo lo hice de ese modo: me apeé del tren y me puse a correr...>.

El esforzado ultrafondista asturiano escribió su propio cuaderno de bitácora de los hechos, en lucha contra la soledad, corriendo mucho tiempo por la noche para evitar lo más posible las altas temperaturas de un estío implacable, que dice que fue uno de sus peores enemigos:

Todo empieza el día seis de agosto de 2012 a las 3:00 de la madrugada en Belorado (Burgos). Tengo muchas ganas de iniciar desafío. Poco a poco mis ojos se acostumbran a la noche y ya puedo comenzar a correr. Pasan las horas y por la mañana ya me encuentro en la ciudad de Burgos, lo que me permite observarla desde otra perspectiva, al entrar en ella a pie y no en coche. Aprovecho para hacer las primeras fotos. Dirijo mis pasos hacia Frómista (Palencia) y me encuentro con los primeros peregrinos. El hablar con ellos me gratifica, sobre todo con un padre y una hija italianos con los que practico el lenguaje en su lengua vernácula, que también fue la mía. Todos nos reímos un poco e intercambiamos comentarios amenos, prometiendo volver a encontrarnos para comer juntos un plato de pasta. Con ellos tengo la sensación de retornar a mi infancia, cuando vivía en el pueblo suizo de Appenzzel. Continúo mi periplo solidario y tras 19 horas y 115 kilómetros recorridos llego al albergue, donde explico el porqué de mi viaje y regalo unas insignias alusivas al 'Rett'. Todo el mundo está conmigo y me animan para que continúe luchando, admirados por la distancia recorrida y la que aún me falta por cubrir. Sin embargo me retiro enseguida a descansar, porque al día siguiente debo encaminar mis pasos hacia León.

De nuevo son las 3:00 de la madrugada y debo reemprender la marcha. La etapa es más favorable que la anterior, pero sé que el sol me castigará durante muchas horas. Al poco de comenzar, veo en un pequeño saliente de una roca a un individuo ataviado con una túnica y rodeado de velas. Tuve que frotarme los ojos para comprobar que no estaba dormido, porque no sabía si aquella aparición era real o el producto de una alucinación. El 'espectro' comienza a rezar y a desearme suerte para el camino. Después me pide un donativo: son las curiosidades del 'Camino'... A las 9 de la mañana el sol es ya abrasador. Me pongo crema protectora contra las radiaciones, ingiero una barra energética y continúo sin vacilar. Me encuentro con muchos penitentes, pero el calor hace que la mayoría de ellos desistan de sus objetivos antes de tiempo. Yo no puedo detenerme y tras 18 horas y 113 kilómetros me veo al lado de la Catedral de León.

Mi destino del tercer día es Ponferrada, también en León. Sé que va a ser una jornada dura, porque el cansancio de los trayectos anteriores comienza a notarse y además tengo que atravesar el puerto de 'La Cruz de Ferro'. La noche es aciaga, cerrada. Empiezo a correr y mantengo un ritmo cómodo. Llego a la localidad de Virgen del Camino y continúo adelante siguiendo las flechas que me van a llevar a Galicia. Veo las luces de varios pueblos y pienso que alguno de ellos puede ser Astorga, pero está claro que la mente me juega una mala pasada, pues todavía estoy muy lejos de esa ciudad. Por fin llego a Astorga y decido ir al médico porque tengo un desgarro en uno de los músculos gemelos. No es muy grave, así que me prescribe lo propio en esos casos para atacar la inflamación. Desayuno y sigo corriendo. El sol de la mañana vuelve a ser tórrido y en dirección a la 'Cruz de Ferro' encuentro a muchos penitentes descansando en la sombra. Siempre les dirijo unas palabras de aliento. Ellos lo agradecen y tienen también frases de ánimo para mí. Las altas temperaturas empiezan a pasar su factura y cuando la pendiente de la cima se pone muy agresiva sufro un ligero desfallecimiento y tengo que detenerme en un pequeño pueblo, antes de coronar la cumbre. Tomo un té y opto por relajarme un poco. En pocos minutos me siento recuperado, pero como es ya mediodía decido comer algo, con lo cual me restablezco plenamente. Es entonces cuando recibo la llamada de mi amigo Cárles Aguilar. Desde el principio está pendiente de mí y hoy no va a ser menos. Es una gran persona y su aliento me reconforta. De esa forma, con el espíritu y las fuerzas renovadas, llego a la cima del puerto, me hago la foto de rigor y continuo descendiendo hasta Ponferrada. En Molinaseca me detengo para tomar un refresco y un helado. ¡Qué bien me sientan!. Así termino la tercer jornada: he recorrido 103 kilómetros en 16 horas.

Mi siguiente destino es Sarriá (Lugo). ¡Con qué silencio me despide Ponferrada!. Me alejo en la oscuridad de la noche y me giro para ver cómo duerme la ciudad...Continúo con un trote suave y poco a poco me adentro en los viñedos y bosques. Hoy me entra el hambre más temprano que de costumbre, así que decido pararme en medio del bosque. Saco de mi mochila unas barras energéticas y unos sandwiches y apago la luz frontal. De repente oigo entre la maleza un ruido que me sobresalta, como si crujieran las maderas y los helechos se devastasen. Enciendo de nuevo la luz frontal y veo a un jabalí olisqueando el matorral cerca de mí, hasta que, casi sin inmutarse, da media vuelta y se pierde entre la espesura. Su retirada hace que me sienta afortunado, pues lo cierto que me invadió un poco de temor al verlo tan cerca en la soledad de aquel paraje despoblado. Así que, solventado el curioso percance, me pongo de nuevo en marcha, pues en esta jornada he de acometer tres puertos de montaña. El primero con el que me encuentro es el de O'cebreiro, cuyas primeras rampas acometo cómodamente. Me encuentro en él a caminantes madrugadores --aunque no tanto como yo-- que intentan subir sus rampas con el primer frescor de la mañana. Charlo con algunos, pero no me detengo. Antes de llegar a su cumbre atravieso una zona de tiendas de campaña, ubicadas a ambos lados de la carretera. Aunque me llama la atención que sus ocupantes están fuera de las mismas y todos miran al mismo lado, como hipnotizados. Cuando los rebaso me siento invadido por la curiosidad y yo también giro la cabeza y miro, quedando saciada con creces mi expectación cuando observo uno de los amaneceres más esplendorosos que nunca había presenciado. Enseguida llego al albergue de O'Cebreiro, sello las credenciales y continúo corriendo por un terreno accidentado que me conduce al segundo de los puertos, el de San Roque, presidido por una gran estatua del Apóstol Santiago. Ya me encamino hacia el último escollo, el Porto do Pollo, que nunca olvidaré: en primer lugar te lleva hacia un pueblo, después hacia el interior y más tarde debes afrontar una fuerte pendiente para superarlo. Me encuentro débil y padezco algún mareo, así que me siento en la terraza de un bar que encuentro a mi paso y decido tomar un refresco y meter algo sólido en el estómago. ¡Qué manera de comer!. De ahí que el camarero me pregunte --al traerme la comida-- <si camino solo o con algún amigo...>, debido a las abundantes raciones que solicito. Recuperado de ese mal trago, desciendo hasta la localidad de Triacastela. Me encuentro muy cansado. La etapa es de 93 kilómetros y empleo en ella un tiempo de 15 horas. Esperaba tardar menos en completarla, pero el gran esfuerzo acumulado empieza a pasarme factura. Debido a ese agotamiento compruebo con curiosidad por la mañana como me despierto en la misma posición en la que me había metido en la cama unas horas antes.

Llega el último día. Tengo nervios en el estómago. Como me encuentro muy exhausto decido ponerme en marcha más temprano. Así que comienzo la última etapa a las 00:00 horas con una motivación especial, pues veré a mi familia en la localidad lucense de Palas de Rei. También allí me espera mi amigo Rubén para afrontar conmigo los últimos 64 kilómetros. Estoy tan abatido que me cuesta mantenerme despierto y a duras penas veo la dirección de las flechas. Así que me doy cuenta de que he equivocado el rumbo. No me pongo nervioso y analizo la situación. Decido utilizar la tecnología: me descargo un programa informático del 'Camino de Santiago' y así soluciono el problema. Lo peor de todo es que tengo que retornar por el asfalto 19 kilómetros hasta Portomarín. Es una ruta quebradiza repleta de rectas, subidas y bajadas. Conecto de nuevo con la ruta correcta del peregrinaje y sigo adelante. Pero he de enfrentarme con otra dificultad en plena noche: parece que se han puesto de acuerdo todos los perros del lugar, pues se hallan sueltos y deambulando a su libre albedrío. Por momentos temo ser mordido, pero por suerte logro salir ileso y continuar corriendo. Lo que sí observo es que, a pesar de haberme perdido, he debido levar un buen ritmo, pues consigo completar los 47 kilómetros que separan

Sarriá de Palas de Rei en 6 horas y 30 minutos. El músculo gemelo de una pierna me vuelve a pinchar, quizás por la parada y el enfriamiento mientras esperaba reunirme con mi amigo Rubén en el punto de encuentro. Cuando éste llega comenzamos a trotar muy suave, pues casi no puedo correr...Pero pasan las horas y el cuerpo calienta otra vez. Nos encontramos con nuevos viajeros, entre ellos el ciclista y conocido periodista deportivo Fran Chico. Nuestra conversación se hace muy amena y nos reímos un poco, lo cual nos quita tensión y hace que sin darnos cuenta lleguemos a Melide. Nos hacemos unas fotos y después de comer y beber algo nos despedimos de Fran, prometiéndonos intentar volver a encontrarnos en alguna ruta. El calor está siendo abrasador y la pierna comienza a molestarme de nuevo. ¡Qué manera de sufrir!. Pero la cusa lo merece. Un poco más tarde ya nos vemos ascendiendo el Monte do Gozo. Un ciclista con el que había coincidido días antes en el 'Camino' nos trae hielo para que enfriemos la bebida de nuestros botes. Es todo un detalle por su parte y le trasmitimos nuestro agradecimiento. Por fin vemos Santiago de Compostela a nuestros pies. Nos abrazamos. Correremos los últimos cuatro kilómetros y la aventura estará terminada. Tras el descenso comenzamos a serpentear por las calles de Santiago. Los calambres vuelven a cebarse en mí. Tengo que soportar el dolor como puedo. Aprieto los dientes y recibo los ánimos de Rubén. Por fin entramos triunfantes en la Plaza del Obradoiro, donde todo el tormento se olvida al ver a mi familia. Entonces me acuerdo del cariño de mi mujer, de su apoyo en el reto, de sus llamadas telefónicas, de los amigos que me acompañaron y de los patrocinadores que colaboraron conmigo para que el 'Síndrome de Rett' fuera más conocido y se consiguiese con ello lograr el dinero que hace falta para que la investigación sobre la enfermedad no se detenga. Tras 21 horas de sufrimiento había completado en este día los últimos 115 kilómetros, a los que habría que añadir los 19 kilómetros recorridos por error y que después fue necesario desandar. En total 539 kilómetros completados, con el corazón puesto en cada uno de ellos, para concienciar a la población del sufrimiento de las personas afectadas por el 'síndrome de Rett' y de sus familias, así como para que mi sacrificio sirva para evitar, en la medida de lo posible, que la investigación sobre la enfermedad se detenga'.

Pocos días después Demetrio Álvarez Cómez se desplazó desde su Principado de Asturias natal a la localidad pontevedresa de Cambados, al objeto de tomar parte en solitario --aunque lo acompañaron por momentos numerosas personas-- en el 'II Gran Reto Running', al objeto de correr 24 horas y recaudar con ello tres mil euros para la 'Asociación para la Integración de las Personas con Autismo Por Dereito'. Después de haber culminado su noble gesta Demetrio recibió felicitaciones y parabienes de todo tipo. Pero quizás lo que mejor sirva para expresar su generoso idealismo sean algunas de las palabras que le dedicaron los agradecidos miembros de 'Por Dereito': <...*No estamos ante un hombre, sino que ante un superhombre, dotado además de dos grandes cualidades que hoy escasean mucho: sencillez y altruismo. Pensad por un momento que os dicen que tenéis que correr y sufrir durante 24 horas de forma constante por unos desconocidos, por los hijos de personas que nada tienen que ver por vosotros. Casi sin dormir, casi sin comer, a muchos kilómetros de vuestro domicilio...Y al terminar tenéis que coger el coche y regresar sin descansar para comenzar una jornada laboral al día siguiente a las seis de la mañana...*>. Demetrio Álvarez Cómez completó en esta ocasión 176 kilómetros y en la actualidad –cual Cid Campeador-- sigue dispuesto a librar otra batalla por la solidaridad allí donde su esfuerzo inconmensurable y humanitario sea requerido para ayudar a los más desprotegidos del mundo.

V
EL SUPERVIVIENTE

Mi madre había muerto de cáncer en el hospital hace años, tras luchar incansablemente contra una enfermedad que finalmente pudo con ella. Aunque no siempre sucede así, por suerte y la ciencia ha avanzado de tal forma que ahora los enfermos y aquellos que podemos serlo potencialmente podemos tener un fundado halo de esperanza. Por eso nunca debemos ser derrotistas. En todo caso realistas, en función de los pronósticos. Pero lo cierto es que todos los expertos coinciden en que una actitud positiva se convierte en definitiva en uno de los mejores instrumentos que tiene un hombre o una mujer para seguir adelante.

Fue mi madre una mujer que, con sus errores y aciertos, siempre me quiso. Quizás hasta demasiado. Su fallecimiento me aterrorizó durante un tiempo, porque cobró fuerza en mí la idea de que la carga genética maligna me iba a destruir también, como había hecho con ella. Qué terrible fue todo aquel tiempo, pese a la excelente atención recibida por parte de la sanidad pública. Las mejorías en su estado físico, lo que le daba nueva ansias de vivir y de reorganizar su existencia. Y después las recidivas, la quimioterapia otra vez y el retorno a las pelucas. Siempre llevó la enfermedad con dignidad y en todo momento trató, dentro de lo posible, de intentar no ser una carga para su familia. Pero desde que supo que el cáncer se había instalado en su cuerpo de una forma casi irreversible su mirada se congeló y todos notamos el extravío permanente de sus ojos, que parecían estar mirándonos y al mismo tiempo dirigiéndose al infinito.

Todavía recuerdo mis frecuentes estancias en la sección de oncología del hospital y la convivencia de mi madre con aquellas mujeres, enfermas como ella. --¡Qué periodo más enriquecedor para mí, por lo que aprendí de ellas y de sus familias!--Las lágrimas de una doctora en Medicina en activo, ante la mala noticia de una analítica con el PSA alto. A todas aquellas mujeres --muchas de ellas chicas jóvenes-- con la cabeza rapada y con un pecho extirpado, acostadas resignadamente al lado sus maridos o novios. Unas y otros también con la sonrisa enfriada, con un rictus de desesperación y a la vez de esperanza en el rostro, aguardando el devenir más o menos incierto, pero siempre esperanzados por las palabras de aliento de las enfermeras y del cuerpo médico, a las cuales se agarraban como a un clavo ardiendo y no sin razón pues en un porcentaje muy alto las predicciones favorables de la Medicina se iban a cumplir.

Vidas fértiles truncadas de raíz por las fuerzas del mal o quién sabe por qué conjunción de poderes nefastos. ¿<Por qué a mí>?. Era la pregunta que tenían escrita en sus rostros, bastaba mirarlas. También mi madre se planteó ese interrogante. Nunca pude darle la respuesta y tampoco jamás me atreví a decirle que había reparado demasiado tarde en aquellos dolores que la atormentaban desde hacía tiempo y que cuando tomó cartas en el asunto ya costaba trabajo cercenar la vorágine insaciable de las células alborotadas. ¡Pobre madre!. Cuando llegó la hora de su muerte, a media tarde de un día aciago que siempre recordaré, tuve la suerte de poder estar con ella y estrecharle la mano, mientras el aliento se le marchaba sin remedio, cuando la vida se escapaba de sus manos, esperando que un coágulo, tras viajar por la sangre, llegara a sus pulmones y acabara con su existencia. Yo creo que ella se estaba dando cuenta de cómo se moría, de cómo se escapaba del mundo tal vez sin cumplir la mayoría de los sueños, porque una vez que estuvo tan enferma comprendió que la vida no era nada, un suspiro, un abrir y cerrar de ojos y así me lo dijo.

Tras su muerte yo estuve triste mucho tiempo y no era capaz de quitarme de la cabeza los lamentos, las quejas, el dolor y hasta los esporádicos gritos de las salas de oncología. Aunque tampoco nunca pude olvidar el cariño conque los esforzados profesionales de la Medicina trataban a los enfermos. Así que debo reconocer que hubo un antes y un después en mi vida. A partir de entonces empecé a ver el cáncer como algo natural, consustancial a la naturaleza humana y a lo que casi inexorablemente todos estábamos expuestos y abocados a lo largo de nuestra vida, ya fuere más tarde o más temprano. Fue una experiencia desgarradora por una parte, pero de reafirmación mental por otra, ya que dio un nuevo sentido a mi vida, pues me recordó lo poco que somos en un Universo infinito y el inútil daño que nos hacemos unos seres humanos a otros a fin de cuentas para nada. Porque todos estamos cuatro días en este mundo y luego pasamos al otro. Entonces, ¿por qué irse a la tumba con mala sangre y muchas veces llenos de odio y rencor?. Comprendí que no merecía la pena...

Un día leí un comentario en una revista en el que se decía que las mujeres que hacían ejercicio, además de servirles para controlar el peso y mejorar su figura, ahora se había demostrado podían reducir hasta en un veinte por ciento el riesgo de padecer cáncer de mama. Por fin una noticia buena, después de mi traumática experiencia. Seguí leyendo con avidez el artículo y me enteré de las investigaciones -- que duraron más de 20 años-- parece ser que se habían llevado a cabo en la Universidad norteamericano de Southem, en California y se refería a que las mujeres que 'caminan vigorosamente, pedalean o realizan cualquier tipo de entrenamiento regular, moderado y constante, tienen esa ventaja porcentual de no estar afectadas por el cáncer de mama sobre las que son sedentarias'. Al parecer, para la directora del trabajo, la doctora Leslie Serostein, unos treinta minutos al día de actividad física es la manera más fácil de reducir ese riesgo.

Yo sé que la vida no es un espectáculo de magia, pues si bien es cierto que muchos comportamientos y hábitos ayudan a mantener el cuerpo sano, no lo es menos que tampoco son la panacea definitiva. De todas formas la carrera continua moderada es beneficiosa para todo el mundo, al margen de su evidente función preventiva. Según decía la publicación que tanto me llamó la atención, los investigadores que ahora llegaron a esta conclusión de que el ejercicio físico moderado impedía en cierta medida la afectación por el cáncer de pecho, parece ser que también en los años 80 comenzaron a estudiar el rol de las hormonas sobre el cáncer de seno, descubriendo que las mujeres con alto riesgo para esta enfermedad tenían más estrógenos en la sangre que aquellas que presentaban uno bajo. Pues bien: si no entendí mal las conclusiones del estudio al que me refiero, se debe inferir que la actividad física quema grasa y también afecta a la función ovárica en mujeres premenopáusicas, reduciendo estrógenos y progesterona en la sangre. Porque, según se decía, una alta circulación de estas hormonas podía elevar en la mujer el peligro de cáncer, al promover la multiplicación de las células que están en el pecho. Y matizaba además la revista que la investigación hacía especial énfasis a que las mujeres que se ejercitaban con regularidad tenían menos insulina en su torrente sanguíneo y ello podía también reducir los niveles de hormonas femeninas.

Debo reconocer que, como mujer que soy, todo lo que acababa de leer me hizo sentir una gran curiosidad. Además me parecieron las del equipo de Leslie Serostein unas tesis fundamentadas y convenientemente falsadas como para no despreciarlas. Así que pensé que no tenía nada que perder y sí mucho que ganar si me decantaba por intentar empezar a correr. Y como tenía un amigo que llevaba mucho tiempo tomando parte en todo tipo de carreras, maratones y hasta largas distancias, fui enseguida a recabar su opinión. A él le encantó además que fuera a pedirle consejo, pues así tendría ocasión de introducir en el mundo del 'running' a una nueva oveja descarriada, pues como le encantaba correr siempre estaba intentando que todo el mundo hiciera un poco de ejercicio.

Como era además profesional de la educación física – aunque no se dedicaba a ello—no pudo evitar darme una charla quizás demasiado prolija y técnica, pero que a la larga me resultaría muy beneficiosa. <Lo ideal es que, con unas zapatillas adecuadas comiences a caminar y a correr un poco, intercalando la marcha y algunas fases de carrera>, me dijo entre otras muchas cosas. Y que él iría vigilando mi evolución y, a la vista de mis progresos, cambiando las distancias que debía correr y los ritmos a los que debía hacerlo. Le hice caso y me fue muy bien, pues ahora ya corro una hora algunos días de la semana, mientras que en los restantes descanso o camino. Noto como mi cuerpo ha cambiado, como mi figura se ha estilizado, como me estado anímico es más bueno. Creo que, en definitiva, soy más feliz. He aprendido a ver todo el entorno que me rodea desde otra perspectiva y a deleitarme al correr sobre las hojas caídas de los árboles en otoño o a percibir el olor penetrante de la flor de saúco en junio. También me fluyen las ideas mientras corro y he aprendido a solucionar muchos problemas que me atormentaban en pleno esfuerzo, pues el 'running' ayuda mucho a pensar. He empezado a participar en alguna carrera de pocos kilómetros, aunque no descarto llegar a correr una media maratón. ¡Qué mundo más maravilloso ese de las carreras populares!. Todo es camaradería, solidaridad, compañerismo...Por eso hoy puedo de decir que desde aquel día que mi amigo el ultrafondista me dio aquellos venerables consejos para empezar a trotar soy una persona distinta, ya que he aprendido a encontrarme conmigo misma y con el entorno.

Así fue como en una de esas carreras a las que acudí para participar --y disfrutar de todo lo que rodea a un evento de ese tipo-- conocí por suerte a Fernando Quintana Suárez, un hombre de unos valores extraordinarios y un luchador, como yo le dije, palabra que él corrigió por la de superviviente ('Lo de luchador me hace gracia --me dijo--. Yo lo llamaría instinto de supervivencia. En estos casi cuatro años he conocido infinidad de personas que han pasado por lo mismo que yo. Unas con más y otras con menos fortuna, pero no sé de nadie que no haya peleado con todas sus fuerzas. Luchadores somos todo, pero después entran en juego otros factores que no están en nuestras manos. No todos los cuerpos son iguales, no todos los cánceres son lo mismo, no todos los tratamientos tienen el mismo impacto, no todos pueden estar rodeados de un buen 'equipo' que les mantenga alto el ánimo --amigos, familia, etc...-- y...¡no todos tienen la misma fortuna!, puesto que, al igual que en el deporte, la suerte también juega...'). Su sinceridad y personalidad me impresionaron mucho. Me sentí pequeña a su lado, insignificante y al mismo tiempo contenta por haber entablado amistad con una persona que destilaba tanta humanidad. Así que coincidíamos de cuando en cuando en las carreras y muy especialmente en la prueba que él organizaba en favor de la lucha contra el cáncer en la localidad asturiana de Figueras (Castropol), en uno de los márgenes de la ría del Eo, a beneficio de la 'Fundación Sandra Ibarra'. Yo siempre salía reforzada de esos encuentros y sorprendida de que existiesen personas en el mundo capaces de destilar tanta fraternidad, estoicismo y serenidad a la vez. Hasta que un día me preguntó si me apetecería leer algo que él había escrito, a lo cual respondí enseguida que sí, ávida e intrigada al mismo tiempo, máxime conociendo la personalidad desbordante de aquel hombre sincero y sencillo. Así fue como un buen día apareció en mi correo electrónico un archivo que contenía un testimonio excepcional:

'La vida, ese espacio de tiempo que transcurre desde nuestro nacimiento hasta nuestra muerte, a veces tiene a bien obsequiarnos, de manera inesperada, con experiencias difíciles de superar. Sin duda alguna uno de esos complicados retos con los que el destino puede sorprendernos no es otro que cualquier desafío relacionado con nuestra salud. Qué nadie tenga dudas al respecto. Seguro que todos responderíamos lo mismo si nos preguntasen acerca del bien más preciado que podemos poseer. ¿O no...?. Vaya por adelantado que con las siguientes líneas no intento dar lecciones a nadie, ni mucho menos contar cuál es el impacto que un 'chaval' de 41 años --felizmente casado y padre de una hija de 13-- siente cuando le comunican que padece un 'linfoma de Burkitt con ascitis a tensión en grado III'. Después de todo es fácil imaginar la situación que se crea tanto en el plano personal como en el entorno familiar...

Tampoco pretendo aburrirte con mis intervenciones quirúrgicas, mi caída de cabello, mi cansancio, mis mareos o mis pinchazos por todo el cuerpo. Mi osadía tan sólo me llevará a compartir contigo la más importante experiencia vital --nunca mejor dicho-- por la que he pasado, así como a intentar arrojar un poco de luz para todos aquellos que en estos momentos se encuentren un poco perdidos a la hora de enfocar una situación similar. Por eso, a modo de introducción, te diré que me encuentro dentro de uno de esos supuestos en los que prácticamente no se cumplía ninguna de las premisas básicas que normalmente tienen que darse para estar afectados por este tipo de enfermedades. ¡O al menos eso pensaba yo!. No he fumado nunca, bebía una cerveza los domingos por la mañana y durante toda mi vida me había entregado con total devoción a mi verdadera pasión: el deporte. Jugué al fútbol hasta los 37 años y, desde esa edad hasta el día del diagnóstico, corría seis días a la semana, además de disputar carreras populares que iban desde los 5 kilómetros hasta la media maratón. ¡Ah!. Tampoco me olvidaba de la dieta. Ya sabes: frutas, verduras, carbohidratos, pescado, carne a la plancha y la cantidad justa de frutos secos... A decir verdad, creo que sólo existían dos aspectos que me convertían en un firme candidato a pertenecer a ese grupo del que nadie quiere formar parte: el estrés laboral y el factor genético-hereditario, ya que mi madre también está afectada por un linfoma desde hace nueve años, aunque de diferente tipo.

Pero entremos en materia: si algo proporciona un contratiempo de este tipo es, precisamente, tiempo para reflexionar y, en cierto modo, aclarar nuestras ideas y fijar nuestras prioridades. Creo que es justo decir que, a pesar de tratarse de una experiencia muy personal que no necesariamente tiene que coincidir con la de todos los que han pasado por un trance similar, es innegable que el cáncer es una enfermedad que siempre nos marca y, aunque no siempre nos guste, nos fuerza a replantearnos nuestras vidas.

<Te busco en el cofre del silencio
ansiando que tu rancia alma despierte;
que mi ternura te haga más fuerte,
más solo hallo rencor y desprecio.
Dime si aún he de pagar un precio,
si tu rabia es ahora mi suerte.
Si la perseverancia de la muerte
nos llevará al jardín de los necios.
Mientras este cariño maltratado
ambiciona cobrarse su venganza
y recuperar su sueño truncado
tras la ventana de la esperanza
se asoman los recuerdos pasados
camuflados en color añoranza>

(Soneto del acompañante, diciembre de 2008)

Pero... ¿cómo afrontar la nueva situación?. ¿De verdad tiene algún mérito recibir el tratamiento recomendado por los profesionales de la medicina? .¡Definitivamente no!. Después de todo, las opciones que se *barajan no son muchas, así que no nos queda otra solución que aceptar lo inevitable y dejarse asesorar por los doctores que, a pesar de ser criticados de manera injusta en más ocasiones de las debidas, realizan una función digna de todo elogio.*

He decirte --y esta es una opinión muy personal-- que para mí tuvo mucha importancia la cuestión de cómo afrontar mentalmente el problema. Después de todo, la palabra 'cáncer' está impregnada de una serie de connotaciones negativas que hacen que desde el principio del diagnóstico haya una tendencia en el enfermo a bloquearse. Quizás una de las claves más importantes en la recuperación del paciente resida en la clarividencia de ideas en un momento crítico, en el pensamiento positivo, en un estado de ánimo optimista. Por supuesto que no es fácil: pero si existe algo realmente cierto en todo esto es que sentarnos en una silla, ponernos a llorar en una esquina y encerrarnos en nuestro problema no nos va a ayudar ni a nosotros ni a nuestros seres queridos, que al fin y al cabo serán nuestro entorno permanente mientras estemos librando la dura batalla que se nos ha presentado. ¿Cómo conseguir ese estado de cierto entusiasmo?. Desgraciadamente no hay una respuesta maestra que sirva para aclarar esa cuestión. Somos nosotros mismos los que tenemos que dar con ella, buscándola en nuestro interior e intentando plantearnos los meses siguientes como periodos duros, pero transitorios. Y sin olvidarnos, en la medida de lo posible, de nuestra vida previa, pues, una vez superado esta etapa inicial de zozobra, debemos intentar recuperar la normalidad y volver a ser quienes éramos...En mi caso concreto, después de haber superado el 'shock' original --que duró unas dos semanas aproximadamente--, decidí asirme con todas las fuerzas a mis ganas de vivir y encontré el estímulo apropiado para ello en algo que había formado parte de mí durante toda mi existencia: el deporte. ¡Después de todo estaba ante la maratón de mi vida!, ¿no crees?.

Así que no lo dudé: elaboré un decálogo de lecciones que, por estúpido que pueda parecerte, me resultó de gran ayuda para afrontar todo el proceso de recuperación. Por supuesto que no es una pócima mágica; es más: me atrevería a decir que se trata de algo único e intransferible, ya que estoy convencido de que cada enfermo es diferente y cada uno debe de canalizar la situación de una manera personalizada. De todas formas, espero que tengas a bien permitirme compartirlo con los demás, con la esperanza de que le sirva de ayuda a alguien, lo cual significaría para mí una gran alegría:

1.-De nada sirve mirar atrás. No importa el hecho de no haber fumado, bebido, seguido una dieta saludable y practicar deporte o tirarse de los pelos por no acudir antes a consulta del médico. Después de todo, los niños que están con la misma enfermedad en la habitación de al lado son una clara explicación para las pequeñas dudas que uno pudiese albergar al respecto. El problema está ahí y ese es el punto de partida. No obstante, una vida sana anterior tendrá que ayudarnos por fuerza a la hora de la recuperación. ¡Aquí comienza nuestro desafío!.

2.-Hay que ser optimistas de cara al futuro. No importan las expectativas que nos den una vez se haya emitido el diagnóstico inicial. Si son las de un 90% de supervivencia, perfecto. Y si son las de un 10%, nosotros estaremos dentro de ese pequeño porcentaje. Tirar la toalla antes del pistoletazo de salida no es propio de los grandes competidores por difícil que pueda parecer el reto.

3.-La meta se alcanzará a su debido tiempo. Las prisas no son buenas consejeras, por lo que agobiarse pensando en el largo camino que tendremos que recorrer o intentar forzar el proceso de recuperación no nos ayudará a llegar antes. Paso a paso --ciclo a ciclo-- los objetivos se hacen más asequibles y nos proporcionan pequeñas satisfacciones que son parte del resultado final que buscamos. Saber dosificarse es, sin duda, una de las principales virtudes de la que hacen gala los grandes campeones. ¡Ya sabes: para ganar la guerra hay que vencer en varias batallas!.

4.-La carrera no será llana. Como en el resto de los aspectos de la vida los altibajos formarán parte de ese recorrido. Nuestro estado de ánimo fluctuará en función de la dureza del tratamiento, del apoyo con el que contemos, del trato recibido por los profesionales que nos atienden y de otra serie de variables que aquí serían imposibles de reflejar. Afortunadamente no es una competición en la que lo importante sea la victoria. Llegar es el verdadero triunfo; de modo que cuando comencemos a subir una pendiente tenemos que saber que después habrá una bajada que hará todo mucho más fácil. A nuestro nivel, una maratón es más un reto personal que un intento de cruzar la meta en primera posición.

5.-Siempre habrá puestos de avituallamiento. Cada llamada telefónica, cada e-mail recibido, cada abrazo, cada beso... son fuentes inagotables de energía que nos dan una increíble fuerza para seguir. Una postal o un libro con una dedicatoria, unos bombones o una visita inesperada son parte de ese cúmulo de sorpresas que nos hacen entender que tenemos muchos más amigos de los que pensábamos. Descubriremos que personas con las que habíamos perdido el contacto hace mucho tiempo --por circunstancias ajenas a ambas partes-- son capaces de animarnos diariamente con un pequeño párrafo, un chiste o simplemente recordando los viejos tiempos. ¡Increíble pero cierto!. ¿Verdad?. La familia, los amigos, los compañeros de trabajo serán los encargados de darnos esas botellas de oxígeno.

6.-No se puede cantar victoria antes de tiempo. Cuando divisemos la línea de meta tendremos que saber que todavía deberemos cruzarla. No podemos alzar los brazos, ni reducir la cadencia de nuestros pasos, ni saludar al respetable. Mantendremos con firmeza nuestro ritmo de carrera y sólo cuando nos pidan el dorsal de llegada los organizadores de la prueba comenzaremos a disfrutar del momento. Sólo en ese instante seremos conscientes de que el esfuerzo realizado ha merecido la pena.

7.-Celebradlo como se merece, pero no indefinidamente. ¡Sí, lo hemos conseguido...!. Así que ha llegado el momento de soltar tensión, relajarse y disfrutar de todo aquello de lo que no hemos podido hacerlo durante todo el trayecto. Atrás han quedado las duras cuestas, el azote del viento, los chubascos y las llagas en nuestros pies. Es la hora de saborear un buen trozo de fruta acompañado de un trago de agua y charlar plácidamente con nuestros compañeros de competición con el fin de compartir la experiencia 'vivida'.

8.-¡Hay que animar a los rezagados!. La maratón es muy larga, así que seguro que hay un montón de corredores que todavía tienen que pasar por debajo de esa pancarta que señala el final del recorrido. ¡Animémoslos en su última recta y hagámosles saber que la recompensa final no tiene precio!. *Si es necesario y tenemos fuerzas, corramos a su lado esos últimos kilómetros para que no desfallezcan. Cuanta más gente llegue al final, mejor será el ambiente en la entrega de premios.*

9.-Descanso activo. ¡Ya estuvo bien de fiesta!. Tal vez el destino nos seleccione de nuevo para formar parte de otro grupo similar a éste cuando menos lo esperemos; así que no estará de más que tratemos de mantenernos en una forma aceptable para posibles futuros retos. Es la hora de las revisiones periódicas, de visitar de vez en cuando a nuestro amigo el escáner, de recibir un caluroso pinchazo en nuestro brazo y de entrevistarse con nuestro antiguo doctor para comprobar que nuestro nivel competitivo continúa rayando a gran altura.

10.-Lamentablemente en todas las carreras siempre hay alguien que se ve obligado a abandonar. Tal vez su preparación no fue la adecuada, su edad dificultaba llevar a cabo la hazaña, no era su mejor distancia o simplemente surgió algún imprevisto. De todas formas si han corrido con la convicción de poder llegar y lo han intentado con todas sus fuerzas, el reconocimiento y el máximo respeto siempre estará presente para con todos ellos. ¡El hecho de no terminar la prueba no significa que hayan sido malos competidores!.

Por lo que a mí respecta, te puedo decir que a la hora de escribirte este texto me encuentro inmerso en la lección número nueve: de baja laboral, con un proceso febril y un fuerte dolor de cabeza que me tiene, como no, un poco asustado; aunque todo parece indicar que se trata de un simple catarro. Esperemos que así sea, aunque ¡da igual!. Pase lo que pase mis zapatillas de deporte siempre estarán preparadas para volver a la pista y, si es necesario, comenzar a trotar de nuevo, pues aunque las fuerzas ya no sean las mismas es muy importante llegar.

También quiero decirte que a pesar de las adversas circunstancias por las que estoy pasando, nunca dejo de disfrutar de los míos y de todas esas pequeñas cosas que adquieren un valor especial cuando se pasa por una situación como la aquí descrita. Es la hora de deleitarse con las primeras estrellas que aparecen en el cielo, de contemplar absorto el farol que alumbra aquel rincón donde besé por primera vez y ver como ese yate que se acerca a los pantalanes dibuja una sonrisa de espuma. Continuaré valorando en su justa medida --ahora sí más que nunca-- la sonrisa de mi esposa y los besos de mi hija y evitaré hacer planes a largo plazo porque, desde mi nueva perspectiva, carecen de todo sentido. La vida es para 'vivirla' en toda su extensión..., aunque algunas veces haya que correr más de lo recomendable.

<Por las rendijas de la penitencia

se cuela la luz de la esperanza

y, mientras el atroz dolor avanza,

mi alma se refugia en la paciencia.

Colgado en el filo de la demencia,

y sin perder nunca la confianza,

peleo por nuestra vida a ultranza,

mientras tu amor golpea tu conciencia.

Cuando la fría luz de enero,

atrevida ilumine mi alma,

de mi corazón saldrá un '¡te quiero!'.

Un '¡te quiero!' que me regala calma;

una calma que ahora espero,

una espera que nunca me calma>.

(Soneto del hospital, diciembre de 2008)

Echando la vista atrás, recuerdo vagamente el momento en que aquellas ligeras molestias comenzaron a hacer acto de presencia. A decir verdad, no sabría explicar si la sensación de cansancio que me invadía era un problema físico o un estado anímico. Después de unas dos o tres semanas intentando de manera infructuosa superar aquella crisis, decidí acudir a mi médico de cabecera con la esperanza de que su diagnóstico fuese certero. ¡Fue en vano!. A pesar de explicar mis síntomas de la manera más exacta posible, el galeno, tras realizarme una exploración vaga y superficial, emitió su veredicto en un tono claro y convincente: 'Colon irritable'. Sin apenas más explicaciones me pidió una de aquellas recetas de tono ocre y escribió el nombre de unas pastillas que debería de ingerir durante las próximas ocho semanas. Así lo hice y a medida que los días pasaban mi desazón aumentaba. A pesar de que mi vida transcurría con la rutina de siempre mis sensaciones seguían siendo negativas. Acudía a mi trabajo, entrenaba seis días a la semana, cuidaba la dieta como siempre lo había hecho, no fumaba, no bebía…pero había una inquietud en mi interior que me decía que algo no estaba funcionando como debería.

Pasaron las ocho semanas y la Navidad estaba a la vuelta de la esquina, así que mi mujer y mi hija comenzaron a planificar las futuras vacaciones. Yo, intentando disimular mi preocupación, a duras penas conseguía aparentar una mediana normalidad. Mi vida social se redujo drásticamente, los nervios me atenazaban en el trabajo y mi gran pasión, el deporte, también sufrió los estragos de aquella, por aquel entonces, desconocida enfermedad.

De repente una mañana mi vientre apareció extremadamente hinchado. A pesar de lo que pudiese parecer, el dolor seguía sin hacer acto de presencia, pero ahora los presagios más pesimistas parecían evidentes. ¡Obviamente aquel malestar no era producto de mi imaginación!. Asustado, acudí al hospital de Oeiras (Portugal), donde se me informó de la necesidad de realizar ciertas pruebas con el fin de saber de donde procedía aquella ascitis que, desde hacía varias horas, había cambiado mi aspecto físico de manera drástica.

Cogí de la mano a mi mujer, la miré a los ojos y sin más preámbulos le dije: 'Mi madre sufre un linfoma desde hace 8 años. Vamos a recoger a la niña y nos marchamos para Vigo, donde descubriremos el reto que tenemos entre manos…'.

¡Acerté!. Después de someterme a una intervención quirúrgica para que me eliminasen el líquido que invadía mi abdomen y extraer varias muestras para su posterior análisis patológico, el diagnóstico esta vez era diáfano: 'linfoma de Burkitt con ascitis a tensión en grado III'. El miedo lo invadió todo por espacio de unas semanas. Casi sin caer en la cuenta de que se trataba del día de Nochebuena, el 24 de diciembre recibí la primera sesión de quimioterapia. Sin tiempo para reaccionar, *mi hija se instaló en casa de mis suegros, mientras mi mujer hizo de la butaca que estaba al lado de mi cama su nueva casa. ¡Todo se vino abajo en cuestión de días!. Sin embargo…todavía quedaba una bala en la recámara; bueno…en mi cabeza. ¡El deporte!. ¡No era una enfermedad, era una maratón!. No se trataba de ganar, sino que de llegar. ¡Y llegué!. Sin mirar atrás, siendo optimista, sin prisas, sabiendo que no se trataría de una carrera llana, pero que sí tendría puntos de avituallamiento en los que recibiría ánimos incondicionales, sin cantar victoria antes de cruzar la meta y celebrándolo en la justa medida a su debido tiempo. Ahora me encuentro descansando y, a pesar de haber visto varios abandonos a lo largo de esta dura competición, todavía me quedan fuerzas para animar a los rezagados mientras yo, ahora conscientemente, sigo preparándome para posibles futuros desafíos.*

No hace mucho que visité la ría del Eo, en el mismo paraje donde celebramos el 'Cross y Paseo Solidario Villa de Figueras', prueba atlética popular en la que tanto yo como la 'Fundación Sandra Ibarra de Solidaridad contra el Cáncer' ponemos nuestro cuerpo y alma, tratando de concienciar cada vez a un mayor número de personas para que acudan a la misma y aporten unos donativos que nos permitirán contribuir al logro de algunas mejoras en la lucha contra esa enfermedad. Sí, la ría del Eo: ¡qué precioso atardecer!. Un crepúsculo casi imperceptible, cuando el sol se iba escondiendo poco a poco tras Ribadeo (Lugo) y las nubes que aparecían en el cielo empezaban a teñirse de un color negruzco. Además el mar se había tornado de un tímido color gris azulado y el tenue reflejo de las gaviotas en sus aguas anunciaba la llegada de la noche. Mientras que una canoa dejaba tras de sí una estela de espuma que hacía bailar a las embarcaciones amarradas en el nuevo pantalán y la luna se asomaba a lo lejos advirtiéndome de que, en apenas unos minutos, un océano de estrellas inundaría el cielo. Y la brisa del viento aparecía de la nada y tras de mí los árboles empezaban a mover sus hojas diciéndome que había llegado la hora de abrigarse. A la izquierda se levantaba majestuoso Castropol, regalándome una idílica vista, mientras que a mi derecha se presentaba, imponente, el Puente de los Santos.

En esas estaba cuando un pato se sumergió delante de mí en aquellas frías aguas. Juguetón, intenté seguirle el rastro, pero me resultó imposible saber en qué lugar había vuelto a salir a la superficie. Tal vez fue eso lo que hizo que me percatase de que la noche había llegado y que era hora de regresar. La Osa Mayor ya presidía el firmamento, las estrellas danzaban al ritmo de la brisa vespertina y el arrullo del mar intentaba que me sumiese en un sueño más profundo.

<Hoy que mis musas escriben ríos de tinta,

gritando el silencio de mi alma,

las tinieblas de mi existencia anuncian la luz que ilumina el tramo final.

Sentado en el filo de la navaja....>

Pensativo, volví a casa diciéndome: <¡No hay duda de que el cáncer me ha agudizado los sentidos!. ¡Cuánto tiempo perdido!>'.

Carta del Superviviente

<A mi esposa e hija por hacer que me sienta querido hasta límites que no imaginaba ni merezco; a mis padres que me educaron en el respeto, enseñándome a afrontar el sufrimiento sin confundir paciencia con resignación; a mis hermanos que me insuflaron los ánimos necesarios para seguir adelante cuando la luz se convertía en tinieblas; a mi familia política por su incondicional apoyo durante mi travesía por el desierto; a los amigos que se mantuvieron a mi lado por descubrirme el significado de la palabra amistad; a Figueras por haberme permitido disfrutar de una feliz infancia que ahora me regala bellos recuerdos y al cáncer por despertarme de mi letargo, convirtiéndome en una persona mucho más completa>.

VI

LA MALDAD

Cuando Colón llegó a América se encontró con que los nativos introducían las hojas curadas de cierta planta en una especie de tubo hueco, le prendían fuego y aspiraban con más o menos placer el humo. El padre Gonzalo Fernández de Oviedo y Valdez, en su obra 'Historia general de las Indias' (Sevilla, 1535) relata que '... entre otras costumbres reprobables los indios tienen una que es especialmente nociva y que consiste en la absorción de una cierta clase de humo, a lo que llaman <tabaco>, para producir un estado de estupor...algunos absorben el humo por medio de una caña hueca, eso es lo que los indios llaman <tabaco> y no a la hierba...'.En realidad la caña se llamaba 'tobago', que derivó en 'tabaco'.

¿Que Colón se sorprendió?. Pues parece lógico que se asombrara ante la perspectiva que ofrecían aquellos pobladores singulares al aspirar y expulsar humo como chimeneas andantes. Los españoles llevamos a América mucha desgracia y también cosas buenas, aunque quizás menos. Y hemos retornado con productos extraordinarios como la patata y con otros que estarían llamados a ser la perdición de media Humanidad, como el tabaco. En www.sitiosargentina.com se puede tener acceso a una exposición detallada sobre algunos de los supuestos beneficios y muchas más penalidades que la 'nicotiana tabacum' expandió por el mundo, utilizando como fuente el conocido libro de Daniel Lacotte 'El porqué de las cosas', así como en es.wikipedia.org/wiki/nicotiana. Algunos de estos contenidos sirven --con la venia de sus autores-- a la perfección a mi propósito de aportar al lector o lectora una primera aproximación de las maquinaciones que trajo consigo a lo largo de los tiempos la dichosa planta de los indios, venerada ya por los mayas de la Península de Yucatán desde mucho antes que Colón llegara a América, a la que atribuían poderes mágicos, siendo utilizada principalmente para calmar la furia de los dioses y atraer a las lluvias.

'Los indígenas la utilizaban en ciertas ceremonias de purificación del espíritu, pues para ellos el uso del tabaco poseía poderes mágicos y agradaba a los dioses. El tabaco era considerado como una panacea, ya que se utilizaba como un fármaco para combatir el asma, fiebres, convulsiones, trastornos intestinales o nerviosos y también mordeduras de animales. Hacia 1560 era ya conocido en España y Portugal. En este último país, para esos años, se encontraba como embajador de Francia el caballero Jean Nicot, quien se interesó por la exótica planta. Cuando el mencionado diplomático regresó a su país llevó consigo hojas de tabaco para obsequiárselas a la reina Catalina de Médicis. Con tal fortuna que las hierbas aliviaron las jaquecas de la soberana, que acababa de quedarse viuda de Enrique II de Francia. El éxito obtenido en la realeza fue una catapulta meteórica, por lo que empezó a denominarse 'hierba de la reina', 'nicotiana' o 'hierba del embajador'. En 1584 uno de los más célebres aventureros, Sir Walter Raleigh, fundó en América del Norte la colonia de Virginia y adquirió de los indígenas la costumbre de fumar en pipa, aunque muchas clases altas seguían considerando esa costumbre 'repugnante y dañina para la salud y el cerebro'. No así el imperio inglés, que concedió a Raleigh el título de 'Sir' por poner en sus manos la 'maravillosa droga'. Sin embargo en otras naciones, como Japón, Rusia, China o Turquía, se pasó de la sanción moral a medidas más drásticas. El sultán Murad IV mandó ejecutar a numerosos fumadores. En 1638 las autoridades chinas amenazaban con decapitar a todo el que traficase con tabaco. En el siglo XVIII apareció la moda del rapé. Algunos médicos lo acostumbraban a recetar como terapéutica contra el malestar de cabeza y también para detener hemorragias. Sin embargo la reina Victoria de Inglaterra tenía una fuerte aversión contra los fumadores y se establecieron una serie de ordenanzas prohibiendo fumar a los integrantes del ejercito real. En Berlín las autoridades prohibieron hacerlo en espacios públicos, ordenanzas que estuvieron en vigor hasta mediados del siglo XIX.

En 1828 dos científicos que trabajaban en la Universidad de Heilderberg (Posser y Reimann) consiguieron aislar un alcaloide de la planta de tabaco, bautizando su descubrimiento con el nombre de nicotina en honor del embajador francés Jean Nicot. En este punto de la historia hizo su aparición el cigarrillo: tabaco picado rodeado de fino papel. Este producto hechizó a pueblos como el francés y el inglés, aunque se sostiene que su patria de origen fue España, donde lo denominaban 'pitillo'. A partir de esta transformación el cigarrillo empezó a fumarse en todo el mundo. En el siglo XX --y durante la I Guerra Mundial-- aumentó en forma notable el hábito de fumar y en especial la costumbre de consumir cigarrillos. El comandante en jefe de las tropas norteamericanas cablegrafió a Washington el siguiente texto: <el tabaco es tan indispensable como la ración diaria: necesitamos miles de toneladas de él sin demora>. Estas palabras son lo suficientemente demostrativas para alarmarnos sobre el signo contradictorio bajo el cual nació este siglo que, envuelto en plena conflagración mundial, reclamaba al tabaco en un plano de necesidad similar al de los alimentos'.

Hecho ese inciso será el momento de pasar a referir un caso que en cierta ocasión llegó a mis oídos con motivo de mi asistencia a un coloquio de la 'Liga en favor de los derechos del fumador pasivo' celebrado en un centro cultural municipal de cierta localidad, que me llamó mucho la atención por la insólita trama de aquel relato y además porque en el mismo advertí la presencia de la perversión, de la iniquidad y, en definitiva, de la maldad. Y pensé que el contenido de la charla debía ser conocido por mis lectores, que a buen seguro advertirían en la misma denigrantes aspectos de la condición humana, tales como la desconsideración hacia el prójimo, el egoísmo, el etnocentrismo y otras indignas ruindades tan inconfesables como esas. Como dijo Albert Einstein, 'el mundo no está en peligro por las malas personas, sino que por aquellas que permiten la maldad'. Porque además cuanto mejor es uno -- más o menos así lo explicó Marco Tulio Cicerón-- más difícilmente llega a sospechar de la maldad de los otros. Porque la perfidia no es una utopía, sino que existe a través de diferentes manifestaciones, llegando incluso a la perversidad. Si una persona es buena no entiende bien el daño que se le infringe, porque la maldad es un problema difícil comprensión y no menos explicación. La mente humana suele enmascararla en la bondad, pero a menudo es una falsa ilusión y el resultado suele ser el contrario: una hipocresía bien interpretada. Un psicólogo de la Universidad de Stanford (California), Philip Zimbardo, llevó a cabo un famoso experimento en este sentido en la prisión de Stanford, para estudiar la reacción de personas recluidas en un lugar hostil y sometidas a duras circunstancias. En una entrevista que le realizó el escritor español Eduardo Punset, el profesor americano aseguró que '...durante siglos se ha intentado descubrir lo que vuelve malas a las personas. Se lo han preguntado filósofos, poetas, dramaturgos y han llegado a numerosas respuestas distintas. Muchos quieren creer que las personas nacen buenas o malas. Que personas como nosotros estamos en la parte buena de la línea divisoria, mientras que ellos, los malos, están al otro lado. Yo me crié en la pobreza: crecí en un gueto de Nueva York que se llama South Bronx, en el seno de una familia siciliana. Si eres pobre en una ciudad de cualquier parte del mundo, el mal está por todas partes. Y también el fracaso: tu padre no trabaja, la hermana de tu amigo es prostituta, un conocido está enganchado a las drogas... ¡no quieres creer que esté en los genes!. Prefieres pensar que, si la situación cambiara, las cosas mejorarían. En cambio, si te crías en un entorno rico, te rodea el éxito. Y te dices a ti mismo: 'está en mis genes, se lo transmitiré a mis hijos'. Desde pequeño, siempre creí en el poder de la situación para moldear a las personas, para bien o para mal. Mi experimento es como una tragedia griega: ¿qué pasa si pones a buenas personas en un lugar malvado?. ¿Las buenas personas dominan y cambian la maldad de un lugar o bien ese ambiente corrompe incluso a los buenos...?'.

Las conclusiones del experimento de la prisión de Stanford --al igual que el de de Stanley Milgram en la década de los años 60— fueron devastadoras: se advirtió que el anonimato desempañaba un papel muy importante en la conducta sádica y que casi todas las personas podemos ser inducidas a actuar con violencia cuando el entorno favorece una serie de procesos psicológicos. Además esto se hace más patente si se proporciona al individuo una ideología legitimadora, un apoyo institucional e incluso el respaldo de un grupo.

El relato que yo escuché en la reunión de la 'Liga en favor de los derechos del fumador pasivo' no es el experimento de Stanford ('El Efecto Lucifer') ni mucho menos, pero entre ambas situaciones si se apreciaban algunos nexos de unión. La historia descrita como verídica en aquel encuentro de afectados por el humo indeseado fue escuchada por numerosos testigos que podrían dar fe de la misma, personas desencantadas con una sociedad muy tolerante con el tabaquismo ilegal, además de egoísta e injusta, pues siendo ellos las víctimas, frecuentemente eran reputados como sujetos intransigentes e inadaptados en un mundo que parecía no pertenecerles, por lo que se encontraban en el mismo --como Marx decía-- alienados. No voy a reivindicar aquí y ahora las doctrinas de Karl Marx, porque todos sabemos cómo está el mundo al que nos ha conducido la caída del 'Muro de Berlín' y la posterior gran depresión del siglo XXI, pero quienes trabajan y viven bajo ese yugo de intolerancia de los fumadores se sienten anulados como seres y extrañados como individuos, con lo que se convierten en otra cosa distinta de la que propiamente son, de fin a medio, de persona en simple instrumento, ignorando sus necesidades, exigencias y dignidad.

¿Por qué la referencia a la maldad?. Porque el humo en manos de un malvado puede ser un poderoso instrumento para hacer daño, sobre todo a seres apacibles y desprotegidos que, por su docilidad, no aciertan a detectar a tiempo la crueldad. O no son capaces de luchar contra ella con armas ecuánimes, con lo que lo que la ley llama 'defenderse de manera proporcionada'. Aunque es difícil mostrar una respuesta equitativa ante algo tan siniestro como el mal. ('Un corazón que fabrica proyectos perjudiciales, pies que se apresuran a correr a la maldad...'.[Proverbios 6:18]). Como decía Joseph Conrad 'la creencia en algún tipo [de maldad] sobrenatural no es necesaria, pues los hombres por sí solos ya son capaces de cualquier maldad'. La perversidad existe en todo el mundo: lo importante es no contaminarse con ella y además hacerle frente de una manera adecuada. Yo tengo mis dudas sobre si un hombre bueno, con sus armas, podrá enfrentarse a la protervia y vencerla. Porque esa maligna iniquidad se apodera de la persona virtuosa, que, en su inocencia, no atina a verla en su justa dimensión. Y la maldad es una fuerza maligna que se crece ante la flaqueza, que provoca más injusticia sobre la propia injusticia. Hay casos en que la bondad logra dominarla --el mal y el bien siempre terminan dando sus frutos contrapuestos--, pero quizás los efectos de esta sumisión a la infamia cuando lleguen a percibirse se diluyan en el espacio y en el tiempo, perdiendo su razón de ser. Por eso Mahatma Gandhi llegó a decir que 'no me asusta la maldad de los malos, pero me aterroriza la indiferencia de los buenos'. Bäpu --el 'padre' en la lengua guyaratí-- supo enfrentarse de forma pasiva a la maldad. Es otra manera de luchar, quizás la más noble. Pero hombres como Bäpu aparecen solo de vez en cuando sobre la faz de la tierra, capaces de ofrecer respuestas sin odio y destruir los argumentos de sus opresores sin agresividad ni virulencia. Albert Einsten también corroboró la tolerancia de Gandhi cuando dijo que 'las generaciones venideras apenas creerán que un hombre como este caminó sobre la tierra en carne y hueso'. Aunque supongo que se sentiría decepcionado si llegara a comprobar como muchas de esas jóvenes líneas sucesorias posteriores a las que se refería no saben ni quién fue Gandhi ni les interesa demasiado.

La historia de maldad que escuché de boca de aquel hombre en la asamblea de la 'Liga en favor de los derechos del fumador pasivo' tenía relación con la intoxicación producida por el humo de los consumidores de tabaco sobre aquellas otras personas que no practicaban éste hábito. Su historia fue excepcional hasta que dejó de hablar, que fue cuando suscitó en sus contertulios cierta turbación. Debo, pues, sin dilación referir la experiencia vital de aquel personaje alto, jovial y enjuto que desconcertó y a la vez encandiló a todo el mundo con su relato:

'Yo era especialista en contratación laboral en una empresa de servicios con varios cientos de empleados – empezó diciendo. Mi departamento, compuesto por ocho personas, se dedicaba al asesoramiento legal –principalmente en asuntos de Derecho social-- y a los recursos humanos y estaba formado por abogados, licenciados en ciencias del trabajo y personal administrativo. Yo mismo era uno de esos técnicos laboralistas. Ocupábamos dos amplios despachos contiguos en la tercera planta del edificio. Se trataba de una sociedad importante, con todo tipo de reglas éticas, con una prometedora declaración de intenciones corporativas y otros muchos principios éticos de la moderna dirección estratégica, pero que no hacía nada para respetar el derecho a la salud de sus empleados no fumadores. De hecho, la mayoría de las personas del edificio, unas trescientas, eran adictos consumidores de tabaco. Por fin llegaron a España las leyes que protegían a los seres humanos que no consumían la planta que en mala hora pusieron de moda los indígenas y de la que eran compulsivos prosélitos. Pero lo hicieron tarde, porque ya se había constatado por la mayoría de las sociedades avanzadas las grandes desgracias de que era portadora la célebre solanácea, entre ellas el cáncer, por mucho que estas economías –sobre todo las capitalistas-- proclamaran a los cuatro vientos durante décadas que para ser un hombre o una mujer de éxito era un requisito imprescindible adornar los gestos con el cigarrillo y las cabriolas del humo. Pero en España se continuaba consumiendo convulsivamente la adictiva planta en la mayoría de los edificios públicos y privados, sin que estuvieran muy bien vistos los sujetos que reivindicaban el derecho a no intoxicarse'.

Mientras el activista contra la ingesta pasiva de humo hizo un alto en el camino para contestar a una pregunta subrepticia y mal intencionada probablemente de una aviesa infiltrada en ese cónclave de 'malditos abolicionistas', mi mente se escapó hacia un episodio lamentable relacionado también con el tabaco, del cual fui protagonista en la Facultad de Económicas de la ciudad donde estudié una especialidad relacionada con las leyes administrativas, sociales y los mercados de trabajo. No se aprobaba el tabaco en las aulas, pero sí se permitía hacerlo en los grandes anfiteatros que servían de vestíbulo a las clases en todas las plantas, con lo cual bien podrían haberse obviado la prohibición de fumar en el interior de los recintos donde se impartía la docencia, pues los alumnos que no consumían las hojas de la famosa planta --y sus innumerables aditivos-- llegaban a sus asientos tan narcotizados como si hubiesen fumado numerosos pitillos –con la particularidad de que su organismo se resentía mucho más--, producto de una inhalación copiosa en los zaguanes. Y fue allí donde tuve ocasión, una vez más, de apreciar el egoísmo y la desconsideración del género humano, sintiéndome decepcionado por el comportamiento de algunos jóvenes –no de todos, por suerte--, una generación al estilo de los incipientes aprendices de financieros de Wall Street, todo arrojo y decisión a costa de lo que sea, una saga de pequeños mequetrefes despiadados y arrogantes de la Quinta Avenida neoyorquina, tal era su desalmada actitud con el tabaco hacia los demás. Más tarde comprobé que no se iban a convertir en nada de eso, sino que lamentablemente en una generación perdida por causas sobrevenidas, si la debacle económica se puede entender acontecida de ese modo. Todo sucedía como en 'Crónica de una muerte anunciada', la excepcional obra --con ribetes de realidad-- del gran escritor Gabriel García Márquez, ya que en aquellos anfiteatros de ambiente irrespirable existían los protagonistas, el escenario y las circunstancias y, al igual que en la obra de Márquez, nadie hacía nada por evitar el 'crimen'.

Cuando el conferenciante logró deshacerse de aquella mujer rechoncha y entrada en años que al parecer era dueña de una expendeduría de tabacos y le había pedido explicaciones a las primeras de cambio sobre 'qué iba a pasar con las familias que vivían de la venta de tabaco si todo el mundo dejaba de fumar' retomó el hilo de su argumento para continuar diciendo que 'en un principio se pensó que el fumador activo --el que consume cigarrillos-- era el único afectado por la acción de la nicotina y sus metabolitos nocivos, pero después se supo que las personas expuestas también estaban en grave riesgo de contraer diversas afecciones, como cáncer o enfermedades broncopulmonares, tanto por el humo de la combustión del tabaco como por el que el fumador inhala, se filtra en sus pulmones y luego exhala al medio ambiente, un aire contaminado en el cual se encuentran más de tres mil compuestos químicos diferentes, de los cuales se han identificado más de mil doscientos, entre ellos el monóxido de carbono, gas sumamente tóxico que compite con el oxígeno por la hemoglobina, formando la carboxihemoglobina e impidiendo el transporte de oxígeno a nuestras células'.

Y citó las fuentes del estudio: el doctor boliviano Antonio Dubravcic Luksic y el profesor universitario venezolano Carlos Roberto Salas Carmona, aunque aseguró que se refería a esos dos por deferencia a su esposa, que era centroamericana, pero que en la mayor parte del mundo se podían hallar evidencias en tal sentido. Fue como si quisiera –antes de entrar en el relato fáctico-- refrendar su historia con testimonios científicos, quizás temeroso de que no se valorase en su justa medida el testimonio que había comenzado a referir con tanta suerte de detalles.

'En el departamento de recursos humanos de la multinacional para la que yo trabajaba –prosiguió-- consumían compulsivamente tabaco cuatro trabajadores, todos hombres, valga el matiz. Su adicción era tan alta que si tenían que pasar periodos prolongados de tiempo sin encender un cigarrillo su carácter cambiaba completamente, volviéndose más iracundos, solucionando peor los problemas laborales y afrontando sin entereza y con crispación incluso los nimios asuntos que acaecen continuamente en cualquier ocupación. Yo me fijaba en estas personas de cuando en cuando y veía como su gesto se agriaba por momentos, como se descomponía su entereza, como se distorsionaba su rostro cuando les faltaba el cigarrillo. A veces estos periodos de espera antes de poder consumir ávidamente el adictivo pitillo se hacían tediosos, porque aunque era una práctica habitual salir a fumar a la parte trasera del edificio, a los de mi departamento no les gustaba demasiado frecuentar aquella zona, porque, por una parte no estaba muy bien visto por la entidad que el personal se ausentase muchas veces de su trabajo --aunque solía hacer la vista gorda-- y entre bambalinas corría el rumor de que aquellos empleados y empleadas que hacían un uso muy exhaustivo del 'fumadero' –como se le denominaba-- estaban, en cierta medida, estigmatizados. –Por supuesto nadie quería ser una oveja negra dentro del rebaño--. Y por otra el departamento de personal siempre debía tomar alguna decisión desagradable respecto de los empleados más díscolos, por lo que les resultaba incómodo y de mal gusto encontrarse de pronto en el mismo espacio físico y compartiendo los mismos placeres con aquellos a los que días antes a lo mejor habían tenido que reprender por incumplimientos de horarios, no aportar justificantes tras las consultas médicas o cualquiera de los múltiples avatares que surgen diariamente en el mundo laboral. Con lo cual estas cuatro personas de mi sección rara vez se dirigían a esa parte proscrita, como no fuera esporádicamente y por lapsos muy cortos de tiempo. Sin embargo consumían muchos cigarros mientras estaban trabajando y no lo hacían en la oficina. Así que no está de más preguntarse qué lugar o lugares utilizaban para encender sus particulares hogueras y purificarse con las inhalaciones. Lo cierto es que no hace falta tener una gran imaginación: si perdían mucho tiempo desplazándose al exterior del inmueble y además las compañías del lugar en ocasiones no les agradaban, huelga decir que escogerían el primer escondite que tuviesen a mano, en este caso el aseo de caballeros y un pequeño pasillo que comunicaba con un archivo. De tal suerte que cuando necesitabas ir al baño durante la jornada de trabajo era corriente que te lo encontrases con una gran concentración de humo, que, al ser yo corredor y además no fumador, sentía como penetraba inmediatamente en mis pulmones, que parecían recoger esa toxicidad como si se tratase de dos esponjas sin usar que se empapan de agua por primera vez, ávidas e inexploradas.

Ello conllevaba en mi caso una inmediata inflamación de garganta. Lo mismo ocurría cuando tenías que penetrar en el pasillo que conducía al archivo para buscar algún documento y, más aún, dentro del propio espacio de dicha dependencia. Huelga decir que comenté delante de todos lo que me ocurría sin que ninguno de ellos se diera por aludido. Es más, noté posteriormente entre estos 'compañeros' gestos de socarronería y miradas siniestras de complicidad'.

Hizo una pausa, bebió un sorbo de agua y una entusiasta defensora de la causa aprovechó el ínterin para estallar en aplausos. Pero al ver que el resto de asistentes solo la secundaba tímidamente cesó paulatinamente en su acalorada aclamación. El orador educadamente agradeció su gesto, anunciándole no obstante en toque de humor que iba a tener ocasión de palmear y ovacionar en forma, pues le faltaba todavía por narrar el jugoso meollo del asunto:

'Yo había llegado al departamento de recursos humanos --siguió diciendo-- trasladado desde otra filial, merced a mi condición de experto en relaciones laborales. Así que no llevaba allí mucho tiempo y tampoco dominaba a la perfección las rutinas técnicas al uso, pues todo el mundo sabe que cada sección, división –o lo que sea-- tiene las suyas. Así que para no granjearme la enemistad de nadie tan pronto y que mi trabajo no se viese perjudicado estuve inhalando ese humo en los baños y en la escalera durante bastantes meses, ante la indiferencia de todos mis colegas de trabajo, tanto hombres como mujeres. Aunque nunca me distinguí por llevar a la práctica el encomiable don de saber tener la boca cerrada cuando era prudente hacerlo --más bien todo lo contrario--, en aquella ocasión hice un fuerte acto de contrición para no desairar a mis correligionarios del despacho con lo que era evidente: su desconsideración más absoluta hacia otros seres humanos, lo cual yo --al ser tan flagrante y palpable-- asociaba con la maldad más despiadada.

Así que estuve cierto tiempo tosiendo cuando salía del baño o cuando regresaba del archivo sin que nadie se diera por aludido. Pues además parecía evidente que el humo debía producirme daño solo a mí, ya que nadie más de mi grupo de trabajo hacía la menor alusión al asunto. Allí pasaba lo mismo que cuando un vecino te está amargando la vida diariamente y tienes que tragarte todos sus agravios porque te lo encuentras todos los días por la escalera del edificio. Parecía existir un pacto tácito para no enturbiar la convivencia, pero a costa del abuso de aquellas cuatro personas sobre las demás. Así las cosas, yo tenía que ingerir todos los días un analgésico, al menos, para rebajar la inflamación de mi garganta y en muchas ocasiones el dolor de cabeza. Llegué a verter el sobre con el paracetamol y la codeína en el agua sobre mi mesa, delante de todo el mundo, en el propio trabajo, haciendo alusión a que el humo del tabaco estaba destruyendo mis tejidos. Pero nadie se sentía implicado: la maldad imperaba, impregnando con su odiosa esencia todo mi entorno inmediato. Además ya empezaba a notar en los entrenamientos que aquella inhalación venenosa me reducía el rendimiento físico. Cuando aumentaba la intensidad de la carrera ahora me ahogaba a frecuencias altas, cuando antes trabajaba bien en esas franjas anaeróbicas.

Ya me presentaba en el trabajo todos los días de mala gana. El asunto se me escapaba de las manos, a pesar de que intenté combatir aquella conducta infame con buen talante, pero era precisamente esa sumisión la que terminaba volviéndose en mi contra. Y comprendí que debía reaccionar de alguna manera. Estuve varios días pensando en como afrontar definitivamente el problema y medité mucho en ello mientras corría todas las tardes. Intenté recordar todo lo que había puesto en práctica y escrito sobre la solución de los problemas corriendo, buscando en el mundo de las ideas, lo que yo llamaba 'autoanálisis reflexivo': <...porque mientras se practica la carrera continua —sobre todo en solitario y por entornos adecuados— se medita profundamente, casi como en ningún otro lugar o situación. A menudo los problemas que nos plantea la vida diaria los resolvemos corriendo. Si tenemos una dificultad, la empezamos a afrontar desde la peor de sus caras. A partir de ahí las cosas irán mejorando, sencillamente porque ya no podrían empeorar más. El corredor o corredora soluciona muchos de los dilemas de su vida corriendo. Al mismo tiempo que el cuerpo va alcanzando un grado óptimo de trabajo mecánico, el cerebro parece lograr también, al unísono y por ciertos espacios de tiempo, un clímax apropiado para la producción de ideas de la más variada naturaleza. Pero ello hasta un cierto punto, hasta un umbral, traspasado el cual los pensamientos comienzan a ser negativos y hay que estar preparados para luchar continuamente contra ellos, como ocurre en los entrenamientos extenuantes de varias horas y en las carreras de ultradistancia. O sea, que el intelecto es floreciente y fecundo solo por un tiempo. Luego llegará el momento de inflexión y el posterior declive anímico, instante a partir del cual posiblemente ya no interesará seguir especulando en el mundo de las ideas...>'.

Se detuvo por unos instantes para reponerse de tan exhaustiva oratoria, aunque ahora se había ayudado de un pequeño guion. Aprovechó el receso para auscultar los rostros de aquellos hombres y mujeres entre los que existía la más variada casuística. Desde los que estaban enfermos de cáncer de pulmón hasta quienes habían perdido un familiar como consecuencia de esa enfermedad. O quienes simplemente padecían esa lacra del humo pasivo en su trabajo y se habían convertido en enfervorizados abolicionistas. Y notó como sus rostros se habían aletargado un tanto, después de que les hubiera hablado de aquella historia tan rara para muchos de solucionar dilemas mientras se corría, pues la mayoría de ellos eran sedentarios y nunca habían llegado a experimentar el efecto narcotizante de los péptidos opioides que segrega el encéfalo. Pero todavía debía lanzarles unas pequeñas píldoras pseudofilosóficas antes de continuar con la historias que los tenía en ascuas, pues la incertidumbre del desenlace era lo que a ellos realmente les interesaba. Así que subió un poco el tono de su voz para captar de nuevo su atención:

'Y como el hombre actúa en buena parte en función de sus experiencias pasadas, ya sean buenas o malas, el hecho de poner en práctica lo que había hecho en otras ocasiones y que tan buen resultado me había dado --correr y pensar— me condujo a atar cabos mientras trotaba por el bosque y enseguida fueron apareciendo las soluciones a la cuestión que me tenía atormentado. Ninguna demasiado prometedora, pero eran las que podía adoptar. Llegado un punto de su vida un hombre o una mujer siempre han enfrentarse a una encrucijada. Qué camino tomar va a depender siempre de su integridad como seres y de su capacidad para decidir lo correcto, que en muchos casos no será el trayecto que más les agrade. Aquí y ahora yo debía hacer lo mismo. Pero en mi caso no era difícil decidir: sólo debía decantarme por la mejor decisión de todas las peores posibles, ya que no surgía ninguna proposición realmente buena. Eso sí: debería estar dispuesto a afrontar las consecuencias, por extraordinariamente fatídicas que estas fueran.

Así fue como llegué al convencimiento de que debería poner en práctica una acción pacífica pero al mismo tiempo peculiar. Y enseguida discurrí que me presentaría en el trabajo al día siguiente con una máscara de gas que tenía por casa desde mis tiempos de minero. Sin duda que esta decisión tenía sus complicaciones: se formaría un gran alboroto en la empresa y trascendería enseguida a la dirección. Sin duda sería convocado ante la cúpula gerencial para dar explicaciones y los resultados podrían ser impredecibles. Pero, ¿qué otras opciones tenía?. Ninguna, pues ya lo había intentado todo por la vía de las representaciones escénicas y las sugerencias primero y después a través del diálogo. Porque yo no quería tener que tomar un analgésico diario y ser un candidato al cáncer de pulmón por mucho que a cuatro individuos desaprensivos y maquinadores se les metiera en la cabeza. Por lo tanto sólo me quedaba hacer lo que tenía que hacer...

Al día siguiente me presenté en el edificio con la mascarilla. --Me la había probado en casa y cuando me miré al espejo creí ver frente a mí a un marciano, pues era bastante aparatosa, pero casi mejor--. Me encontré en la calle, antes de entrar, con varios compañeros y compañeras de otros departamentos del edificio con los que en ocasiones solía hablar y que me ofrecían habitualmente cierto respeto y cortesía. No puedo decir que no me reconocieran, porque a pesar de presentar un aspecto alienígena con la máscara antigás, cierto es que se mi identificaba perfectamente por mi fisonomía, ropa y calvicie incipiente a la altura de la coronilla. Pero en esa ocasión nadie me dijo nada. Solo me miraron como si estuviera loco y huyeron de mi lado casi espantados, cual si fuera un apestado. Así que entré en el edificio y el guardia de seguridad vino raudo interceptar mi paso, pues aunque me reconoció quiso cortar por lo sano un feo asunto como ese, no fuera ser que se viera metido en algún lío a mi costa. Siempre me hablaba con gran deferencia y ceremonioso protocolo, pero en esta ocasión perdió aquella compostura de cínico --que todos aceptábamos, aunque sabíamos que ante el menor incidente nos delataría ante la cúpula de la empresa-- y se mostró irreverente:

--¿Va a entrar así? —me dijo de manera altisonante.

Me quité el protector y le miré fijamente a los ojos con temple pero sin ira. Él recondujo sus formas y el tono de su voz y bajó la vista.

--¿Hay alguna ley que lo prohíba? —le espeté con serenidad.

--No...,creo que no..., pero usted verá...¿Es que le ocurre algo?.

--Si se refiere a que si padezco alguna enfermedad, puedo asegurarle que no...

--¿Y por qué lleva 'eso' puesto?

--Para protegerme del humo del tabaco.

--Pero aquí está prohibido fumar

--Sí, es cierto, pero se incumple la ley...

Mientras tanto en el amplio 'hall' que daba acceso a los dos ascensores se habían formado varios corrillos de empleados que por sus caras y gestos creo que hablaban de que me había vuelto loco. --Conciliábulos de mal agüero, camarillas de intrigantes y conspiradores de ambos sexos--. Seguí mi camino hacia los elevadores mientras el guardia se iba a llamar por teléfono y dar cuenta a la dirección de mi conducta anormal. Me acerqué al ascensor y dos mujeres que estaban esperando para subir huyeron de allí como el que escapa de la peste y tomaron el camino de las escaleras. Aunque nada de eso me causó la menor extrañeza, pues ya contaba con reacciones de ese tipo y aún peores.

Llegué a la planta donde tenía mi oficina y me encontré con otros trabajadores y trabajadoras. Creo que me reconocieron también. Algunos se rieron, otros guardaron un silencio agobiante y una chica joven y rubia como un querubín que trabajaba en contabilidad --se creía una estrella de cine y en realidad era una hembra mediocre-- soltó por encima de unos pechos puntiagudos que ella valoraba en exceso —casi reverenciaba-- una risotada poco femenina y exclamó: <¡Vaya mal que está el personal...>!. No hice ni caso y continué directo hacia mi mesa de trabajo. Sólo me encontré en ese último trayecto con Encarna Paredes, una buena amiga del departamento de márketing, que siempre se había solidarizado con mi causa perdida.

- -¡Vaya fachas!. ¿Y eso? –me preguntó extrañada.

--¿Y tú lo preguntas...? –fui un poco irónico, porque ya empezaba a afectarme todo aquel ambiente insidioso, aunque cambié de tono enseguida al ver el gesto de disgusto que se instalaba en su rostro, porque si algo no se merecía la buena de Encarna era el sarcasmo. <Es que no se me ha ocurrido otra cosa...>, le maticé.

--No..., adelante, me parece bien. ¡Eres un valiente!. Aunque mucho me temo que vas a tener un día un poco agitado –me vaticinó con cierto fundamento.

--No me importa, vengo preparado para lo peor.

--Pues adelante...¡A por ellos!.

Fui el primero en entrar en mi departamento. Me senté y encendí el ordenador. Los demás fueron llegando poco a poco. Sus rostros reflejaron extrañeza al principio y después ofuscación. Sólo la mema de Vicky soltó un pequeño alarido de terror al entrar, pero no pasó de ahí. Nadie me saludó. Ocuparon sus mesas y enseguida comenzaron las miradas de complicidad. El ambiente se hizo entonces más irrespirable que cuando la condensación del tabaco me asqueaba en el baño o en la escalera del archivo. En realidad nadie sabía a qué atenerse, pues la situación era tan atípica, tan impensable que cogió a todo el mundo por sorpresa. Me puse a trabajar con bastante dificultad, porque el agobio de la careta protectora y lo surrealista del asunto comenzaba a incomodarme a mí también. Además para poder acoplarme la máscara había tenido que desprenderme de las gafas y apenas si era capaz de distinguir las letras en la pantalla del computador. La tensión crecía por momentos y entonces, poco a poco y con cierto disimulo, los cuatro desaprensivos intoxicadores fueron abandonando sus mesas y se reunieron en el pasillo. No era para menos, pues la inusual coyuntura probablemente les exigiera trazar un plan con urgencia. Entretanto una ordenanza entró en la oficina de recursos humanos, se dirigió a mí y me dijo cortésmente que el subdirector de la empresa quería hablar conmigo. Yo, que ya esperaba que la llamada del guardia de seguridad hiciera su efecto de un momento a otro, simplemente le di las gracias y acto seguido me dispuse a seguirla.

--Pero me ha dicho que para subir a verlo debería quitarse la máscara –matizó con cierto énfasis.

--Pues no lo voy a hacer --le respondí rotundamente--. Así que si quiere subir a mi lado, hágalo. O bien puede ir por su cuenta para que no lo asocien conmigo...

--No adopte esa actitud hacia mí, hombre –me dijo como si se sintiese agraviada--, que yo no tengo la culpa...

--Tómelo como quiera: yo sólo le digo lo que voy a hacer...

Mientras tanto los cuatro intoxicadores se regocijaban en el pasillo, pensando que el subdirector Lozano me iba a leer la cartilla y que quizás me pusiese la maleta en la puerta, sobre todo teniendo en cuenta que él también era un compulsivo fumador y en consecuencia habría de defender su adicción.

La ordenanza se encaminó a la planta superior y yo la seguí a unos metros de distancia. La noticia de mi 'enmascaramiento' había corrido como la pólvora por el edificio y todo el mundo se asomaba a las puertas de sus despachos para ser testigos de primera mano del atípico espectáculo y de tal vez mis últimos momentos en la compañía. Llamé a la puerta del subdirector y me recibió en una especie de antesala una secretaria entrada en años y vestida como una monja.

--Ah, es usted...--bajó la vista en señal de consternación. Pase, don Luis le está esperando...

Atravesé aquella especie de recibidor –que era el feudo de la mal encarada <deputy secretary>-- y penetré sin más en el despacho, ya que la puerta estaba abierta.

--Buenos días...Tengo entendido que desea hablar conmigo... –masculló a través de los plásticos y los filtros.

Luis Bonilla era un viejo zorro mal encarado. Tenía el pelo gris, la cara cuadrada, los ojos hundidos en las sinuosidades de unas negruzcas órbitas y descoloridos por el paso de los años. La nariz recortada, gruesa y, a pesar de ello –por esos caprichos de la vida-- algo torcida hacia la izquierda. Un 'Don Corleone' auténtico. Al verme no pudo disimular un gesto de disgusto que adornó inmediatamente con una sonrisa forzada. Estaba de vuelta de todo: sabía que yo tenía razón y que, como tal, podría sumarse a mi guerra particular algún otro acólito de ambos sexos. O por lo menos conspirar contra la organización en la sombra, aunque no me mostrasen un apoyo abierto y claro. Su despacho también apestaba a tabaco.

--Buenos días, hombre de Dios. Siéntese, por favor. ¿Pero es que no va a quitarse ese artefacto?. Tengo entendido que tiene algún problema en esta casa. Estoy aquí para escucharle...

--Por supuesto, aquí me quitaré la máscara antigás, porque mi lucha diaria no se libra en este despacho, sino que una planta más abajo...

--Cuente, hombre, cuente...

Escuchó mis quejas impasible. De vez en cuando se acariciaba el mentón con la mano derecha, mientras oía con atención, pero con evidente disgusto, lo que aquel 'inadaptado' alegaba en su defensa. Noté también como sus ojos brillaban de ira. No tenía otro remedio que tragarse su poder y escuchar como un laboralista del tres al cuarto le recordaba que en la empresa no se respetaban los derechos más básicos de los trabajadores. En aquella sociedad que con una filosofía elaborada conforme a los últimos patrones de la dirección estratégica, con declaración de intenciones, visión, misión y toda aquella parafernalia etérea. ¡Además, mostrar esa arrogante impertinencia ante él, que llevaba media vida en la sociedad anónima y había contribuido a sacarla a flote con su esfuerzo!. Y ahora tenía que escuchar las trivialidades de aquel mequetrefe disfrazado de payaso...

Yo sabía que aquello no me lo perdonaría nunca y que mi carrera profesional --si es que en alguna ocasión la había tenido— acababa aquel día. No obstante ya no podía dar marcha atrás. Ni tampoco quería. Así que seguí exponiendo los hechos con firmeza y recordando el incumplimiento de las leyes. Cada vez que mencionaba el nombre de una ley o un decreto veía como sus pupilas titilantes y aviesas se encendían como avivadas por una llamarada de odio, lo que delataba su insano proceder paternalista. Cuando hube acabado los dos guardamos un lastimoso silencio. Hasta que él lo rompió sentenciando con firmeza:

--Tiene usted razón y voy a dársela. Estudiaré los hechos y si son como usted dice pondré fin de inmediato a esos comportamientos insanos –reconoció muy a su pesar.

Los dos nos cruzamos una mirada de fuego, que él disimuló sonriendo entre dientes como la hiena que era y yo evité prolongar la enojosa comparecencia levantándome del asiento.

--Siendo así, me vuelvo a mi puesto de trabajo...

--Me parece bien --asintió—y deje que yo me ocupe de esto...—prometió con la voz algo quebrada y desviando la mirada hacia el suelo-- ¡Ah!. Y supongo que no se volverá a poner ya 'eso', ¿no? –intentó ser gracioso en su despedida, mientras yo le aseguré mientras me alejaba: <¡Eso espero...!>.

Transcurrieron dos meses desde que aquella acción audaz había convulsionado a toda una poderosa compañía mercantil y nadie volvió a fumar en mi departamento. Pero aún así la atmósfera era irrespirable. Qué duda cabe que las relaciones humanas se habían deteriorado, pero yo no me sentía culpable, porque lo único que había hecho era reclamar un derecho inalienable: el de la protección de la salud. Pero todo parecía indicar que indirectamente se me imputaba a mí ser el causante del mal clima laboral. No se me reprochaba abiertamente, pero se me daba a entender de forma soterrada.

Sin embargo, un buen día de nuevo volví encontrarme con el humo en el aseo y en el pasillo que conducía al archivo. Primero con una frecuencia de dos o tres veces a la semana y al cabo de un tiempo todos los días. Aquellos desaprensivos y malvados compañeros de trabajo habían vuelto a sus antiguas rutinas, quizás en parte estimulados por una fuerte e irresistible adicción. Había empleado la tolerancia pasiva, en la creencia de que cuando respondes al mal –pues la no cooperación con él, como decía Gandhi, es 'un deber sagrado'— despiertas en los demás un sentimiento de culpa, al que sigue una reacción que debilita su miserable proceder. Incluso me había condenado a no prosperar en la empresa debido a mi desafiante y peculiar reivindicación. Tuve la sensación entonces de que la raza humana estaba perdida sin remisión. No tenía miedo a morir de cáncer, porque es una de las enfermedades de las que muchos de nosotros, tarde o temprano, fenecemos. Pero, más que eso, no podía soportar la maldad de aquellos individuos: era superior a mis fuerzas el comprobar cómo me hacían daño conscientemente y no les importaba. Así que, descorazonado, renuncié a mi trabajo de laboralista en la empresa y pedí el traslado a otro departamento donde nadie fumaba, pero en el que se tramitaban asuntos de menor importancia y en consecuencia los emolumentos percibidos eran menores. Gandhi dijo un día que <...no debemos perder la fe en la Humanidad, que es como un océano y no se mancha porque algunas de sus gotas estén sucias>. Pero he de confesar que yo la había perdido por completo. Y si Mohatma Gandhi hubiera vivido más años tal vez llegara a perderla también al ver a su país desmembrado tras su muerte, resquebrajado por la calamidad y el odio. Porque, como decía Nicolás Maquiavelo, <...los hombres ofenden antes a quien aman que a quien temen>'.

(Silencio entre la concurrencia. Rostros y miradas de escepticismo por un lapso pequeño, pero interminable, de tiempo ante el espiritual e inesperado colofón. Anuncio de 'fin, gracias y espero que haya gustado y sido útil'. Aplausos enfervorizados del público 'abolicionista'. Coloquio y rendición de cuentas. '¿Y no hubiera sido mejor hacer esto o aquello?' –las preguntas eran incesantes. El debate, tras la inusitada conferencia, estaba servido y parecía ser largo y prometedor...).

VII
EL ESTIGMA

La mujer con la que hoy quiero comenzar esta historia es británica, tiene 23 años y me imagino que ha sufrido mucho. Tanto dolor es de suponer que la haya endurecido bastante, aunque no hasta el extremo de volverla insensible. Creo que tiene los ojos verdes y una sonrisa dulce, ahora un poco desvirtuada por la falta de cabello, cejas y pestañas, cuando se muestra tal cual es, sin peluca y sin maquillarse. Se trata de una mujer valiente que en agosto del año 2012 se proclamó campeona olímpica en ciclismo, en el velódromo del Parque Olímpico de Strafford, en la modalidad de persecución por equipos, junto con sus compañeras Laura Trott y Dani King, estableciendo un nuevo récord del mundo. Aunque su valor es tan grande como su enorme corazón y gran valía deportiva, pues a la hora de subir al podio a recoger su medalla de oro junto con sus dos compañeras y escuchar el 'Dios Salve a la Reina' lo hizo sin la peluca que habitualmente utiliza en estas ocasiones y mostró al mundo una cabeza descarnada --con solo un mechón negro--, unas órbitas oculares sin cejas y unos ojos desprovistos de la protección de las pestañas. Se trata de Joanna Rowsel y padece alopecia areata, una enfermedad de origen desconocido que ataca a los folículos pilosos, destruyéndolos. Como consecuencia de ello, el pelo se cae. Y ella tuvo el valor y la entereza de mostrar su cabeza despoblada al mundo precisamente en el 'Dia Internacional de la Alopecia Areata', con lo que se granjeó el cariño y admiración de todos los hombres y mujeres que padecen esta enfermedad de difícil o imposible curación y tal vez el horror de los más sensibles. Johanna comenzó a sufrir los efectos de esta devastadora afección a los diez años, a la misma edad que quien les escribe, que tiene también la suerte o la desgracia de engrosar asimismo esa larga lista de calaveras andantes que somos los enfermos de areata.

Una dolencia de este tipo puede provocar problemas psicosociales de gran entidad. En el mundo occidental se valora mucho una determinada imagen y belleza corporal, aunque esta cambia en las distintas civilizaciones. Así para muchos nativos amerindios y africanos puede ser corriente agujerearse el labio inferior, el tabique nasal y colgarse algún pendiente. Ese sería su ideal de hedonismo, de distinción de otros individuos del grupo o de posición social tal vez. Pero en Europa –a salvo la cultura de los piercings y tatuajes-- no ocurre eso: lo que para otros pueblos es sinónimo de elegancia, sutileza o jerarquía aquí puede no ser visto de ese modo. Y lo mismo ocurre con el pelo, que fue siempre símbolo de atractivo, sensualidad y encanto en las mujeres y de virilidad en los hombres. De hecho el héroe hebreo Sansón –azote de los filisteos—perdió toda su fuerza cuando Dalila le cortó su abundante melena. Existe una asociación americana contra la caída del cabello que intenta concienciar a la población de que la pérdida de pelo causa infelicidad en las personas y afecta a las relaciones interpersonales de toda la vida del individuo. Aunque siempre se creyó que, como mal menor, los calvos eran más activos sexualmente --e, incluso, inteligentes—por la influencia de la hormona testosterona. Pero hete aquí que investigadores de la Escuela de Medicina de Harvard y un hospital de Boston determinaron que los calvos podían ser más propensos a sufrir enfermedades cardiacas al producir altos niveles de hormonas masculinas y afectar éstas no solo al corazón sino que también a la próstata. Existe una alta amalgama de estudios en torno al cabello y la personalidad del individuo: tipo de corte, color, peinado, posición de la raya...Y también sobre quienes no poseen cabello, sobre todo los hombres, de los que se dice que –en términos estadísticos—que ganan menos dinero que los que tienen pelo, tienen mayor dificultad a la hora de lograr un trabajo, no suelen conseguir pareja fácilmente, es más probable que se queden solteros, son más incordiados por sus amigos y conocidos, tienen mayor propensión a la depresión y su autoestima es menor. Si pasamos a una escala superior y entramos en el campo de la alopecia areata nos podemos encontrar conque esta es devastadora para la persona que la padece, que ve como pierde tanto la identidad como la dignidad, deteriorándose al mismo tiempo su calidad de vida.

Pero, ¿por qué aparece esa enfermedad?.Aunque está sin determinar con claridad lo cierto es que puede responder a una reacción autoinmune. Así, el sistema inmunológico atacaría por error a otras partes sanas de su propio cuerpo, en este caso los folículos pilosos, aunque también pueden influir factores genéticos. Hay casos en los que dicha enfermedad es controlada, pero en otros --como en el supuesto del autor de este libro-- se hace tremendamente agresiva y las recidivas son continuas, hasta que algún desencadenante lleva a una pérdida total del cabello. Lo mismo puede afectar a un niño --o a una niña-- que a un hombre o a una mujer de 40 años. ¿Qué sucede en este primer caso?. Los niños de menos de cinco años presentan muy poca afectación, pues están ocupados aprendiendo cosas y experimentando con su entorno, por lo que no suelen dar demasiada importancia a esa falta de cabello. Pero entre los seis y los doce años ya han adquirido experiencias en las cuales la interacción con el resto de la gente hace que su visión del mundo sea diferente. Ya dan mucho significado a lo que los demás piensan y sienten de ellos y aprecian las diferencias entre su cuerpo y el de los demás. No hace mucho tiempo vivió en mi calle una familia con una hija de corta edad. Se dio la curiosa circunstancia de que la pequeña había visto a otro muchacho sin pelo --afectado también de alopecia areata-- mientras éste dirigía un entrenamiento de fútbol. Se dio la curiosa circunstancia de que horas más tarde se topó con quien el autor de este libro en las inmediaciones de su casa. Y la niña --siempre lo son-- fue espontánea: '!Mira mamá, otro igual....!', exclamó sin poder reprimir su asombro.

El niño o la niña con alopecia areata desde la infancia se enfrenta con nuevos problemas de adaptación, pues los compañeros serán ahora una parte muy importante de su convivencia. Desea que éstos le acepten, lo cual no siempre es fácil, pues la crueldad hacia sus congéneres puede ser habitual, traduciéndose en burlas, sobrenombres y, en definitiva, segregación. Decía Joanna Rowsell que '...yo había sido una chica a la que le gustaba tener el pelo largo y trenzas; recuerdo que lloré con mis padres preguntándome por qué me había pasado a mi eso...'.Los primeros síntomas le llegaron a los nueve años con la pérdida de una ceja. Después le fueron apareciendo nuevas zonas despobladas en el cuero cabelludo y también empezó a perder las pestañas. Yo mismo he pasado por todas esas fases. He estado también sin una ceja, sin las dos, con medio bigote, sin bigote y con desconchados tanto en la barba como en el pelo. Toda una vida luchando contra lo inevitable, hasta que la cronificación me condujo a la pérdida total del cabello. Fue traumático y doloroso, porque te ves abocado a vivir en una sociedad en la que no encajas, que desconoce casi por completo lo que te ocurre y que, siendo tú la víctima, te criminaliza y te imputa como sujeto causante de tu propia desgracia. No sólo queda afectada tu imagen sino que además también se resiente el sentido íntimo de tu propio ser. Ello significa tener una enfermedad y que se te penalice doblemente por ello: padecerla y pagar el tributo de 'crearla' en ti mismo. Porque durante mucho tiempo estuvo asociada a problemas mentales, a manicomios y a gente endemoniada. El cine ha tenido mucho responsabilidad en la transmisión de esa falsa cultura. Hubo de transcurrir mucho tiempo hasta que se sacaran conclusiones sobre su origen genético o autoinmune. En ocasiones ni la propia familia lo logra aceptar o asimilar. No en vano la cronificación definitiva de la alopecia areata ha sido considerada por los psicólogos como un suceso traumático, una de cuyas evoluciones posibles es el estrés postraumático. Y eso en el mejor de los supuestos, pues según los expertos podría hacer aflorar o agudizar problemas de salud mental previamente latentes.

En mi caso todo comenzó cuando siendo un niño pequeño la familia de mi padre me acogió en Gijón para proseguir mi etapa de estudio posterior a la escuela del nacional sindicalismo. De buenas a primeras me apareció un redondel en la cabeza del tamaño de una moneda. Me llevaron al médico y aquello se solucionó temporalmente, aunque no recuerdo cómo. Pero antes de acudir al especialista se decidió que fuera a cortarme el pelo. Yo no quería ir, porque no sabía que explicación debería darle al peluquero. Así que mi tía me instruyó en la forma en que afrontaría el asunto. Sin duda el barbero me haría alguna pregunta sobre aquella calvicie, más bien con intención de aconsejarme sobre su tratamiento que para otra cosa, pues en aquellos años de la década de los 60 era muy corriente – yo creo que se ha extendido hasta la actualidad—que estos profesionales ejercieran de curanderos en esas ocasiones, pues siempre solían disponer de algún remedio casero para aplicar al respecto. Cuando el peluquero me subió a su silla y me preguntó qué me había pasado en la cabeza contesté lo que me habían dicho que dijera: 'Un niño me ha tirado una piedra a la cabeza'. Así que el hombre giró la silla en la que me encontraba, puso mi cara frente a la suya y me pregunto. '¿Por qué eres tan mentiroso?'. Bajé la cabeza, quise que la tierra me tragase y no supe que decir. Siempre estuve traumatizado por aquel suceso.

Según la 'National Alopecia Areata Fundation', California, USA, '...la areata puede ser una enfermedad difícil de tolerar en la adolescencia, pues en esa fase el concepto de autoestima personal del chico o la chica se están desarrollando en su grado máximo y por lo tanto adquieren nuevas técnicas de conocimiento que les permiten pensar mucho más de forma introspectiva. Esta fuerte tendencia a analizarse ellos mismos se proyecta hacia los demás, hasta el extremo de que la persona afectada por esta afección tiene la sensación de ser el centro de toda la atención. El adolescente desea desesperadamente estar bien con el grupo y evita todo criticismo público o sensación de ridículo a cualquier precio. Para las chicas en particular, una peluca que parezca natural y con estilo puede ser muy significativa. Es importante que los chicos y chicas afectados por este problema se vean envueltos en actividades; es decir, que no se encierren en sí mismos...'.

En mi caso mi refugio fue el atletismo popular y más tarde las carreras de larga distancia, algo que después del desastre de la pérdida de todo mi pelo me hizo encontrarme conmigo mismo, tener de una identidad, la cual había perdido por completo. Pero mi historia no por eso dejó de ser dramática, pues muchas veces encontré similitudes entre ella y la Ota Benga, el pigmeo que fue exhibido en un zoo. No voy a resultar aquí trágico, por muchas razones, quizás la más importante porque los enfermos que luchan esperanzados contra la areata se merecen todo el apoyo del mundo, así como quienes soportan la enfermedad con resignación y albergan, incluso, un halo de esperanza. En cualquier caso, quienes llevan toda la vida luchando contra esta mácula creo que comprenden de qué hablo. A pesar de todo, yo retaría a mis queridos lectores y lectoras a que ojeasen la historia de Ota Benga en mi libro <Historias de la Maratón, los 100 km y otras largas distancias'. (Cajastar, Oviedo, 2011). Tal vez encuentren algún paradigma entre Ota Benga y esto de lo que les hablo. O puede que les parezca exagerada mi comparación. De todas formas me arriesgaré...

En el caso de Joanna Rowsell ella misma asegura que '...si no hubiera padecido la alopecia no sé qué camino habría tomado y me da miedo el pensar que quizás no hubiera llegado a encontrarme con la bicicleta. Mi trabajo fue duro y me asaltaron muchas dudas en el trayecto: si iba a conseguir un novio, cómo me enfrentaría en el trabajo a los extraños...Luego el ciclismo, con su ética de trabajo, hizo que fuera olvidando poco a poco todas las preocupaciones del pelo y me centrara solo en el entrenamiento y la competición. Esa ética fue la que me hizo ser quien soy...' Parece ser que el pelo le volvió a crecer a Joanna a los 16 años, se cree que debido a su felicidad en la bicicleta, pero se le volvió a caer. Ese proceso se repitió más de una vez. 'Pero cuando empecé a ganar –dice-- comprobé que esa era la mejor sensación que había tenido nunca'. Ahora es campeona olímpica y tuvo la enorme valentía de aparecer en el podio sin su peluca, con la cabeza, las cejas y las pestañas descarnadas. Pero, aunque ello pueda servir de inspiración a muchas chicas, no quiere que sea eso lo que la defina, sino que su condición de deportista.

Según la 'National Alopecia Areata Fundation' '...los niños pueden ser mucho más introvertidos de lo que podemos imaginar. En general son optimistas y no tienen la sensación de rechazo o ridículo de los adultos, debido a que no han pasado por muchas de las experiencias de éstos. Pero si un niño observa que la pérdida de cabello puede ser una fuente de tristeza o ansiedad para sus padres, interiorizará esos sentimientos'. Los expertos concluyen que la atención psicológica en los primeros años de la afección puede resultar decisiva.

En mi caso no llegué a concluir los estudios en Gijón. Aunque era un alumno brillante parece que no me adaptaba bien ni al sistema ni a la convivencia con la familia de mi padre. Así que mis progenitores se hicieron cargo de mí y decidieron recluirme en un convento que tenía fama de sacar al mundo hombres de provecho. Un buen día me padre apareció conmigo y una pequeña maleta ante las puertas del monasterio. Debo decir que a mí me gustaba mucho estudiar y que por lo tanto no me supuso ningún trauma el retomar mis cursos en ese lugar. Pero al poco tiempo de estar allí la areata volvió a recidivar y de nuevo me apareció otro redondel justo en la coronilla de la cabeza, lo cual vino a significar que enseguida se me atribuyera el sobrenombre de 'el cura'. Los niños atesoran un cierto grado de crueldad que han de mostrar de vez en cuando para dar satisfacción a la parte más malvada de su ego. Por eso martirizan a sus coetáneos por obra y arte de sus defectos más pronunciados (gordinflón, gafotas, cabezón, subnormal, enano, narizotas, jirafa, soplillo...). Y yo era 'el cura'. No recuerdo de qué forma recobré el cabello en esa ocasión. Pero siempre solía ser de manera traumática, a salvo de algunas ocasiones en que me puse en manos de médicos y lograron que brotara el pelo con cremas y pastillas. Pero lo corriente era que mi padre me llevara a un peluquero que me hacía cortes en la piel con una navaja de afeitar, derramando después sobre la zona un líquido abrasivo --tal vez un ácido-- que quemaba todo lo que pillaba por delante. En este caso lo que calcinaba era por lo menos la epidermis, pues nunca llegué a saber de verdad cuán profundas se volvían aquellas lesiones que producía el irritante mejunje. Lo que sí es cierto es que desembocaban en una pústula costrosa que al caerse dejaba vía libre al crecimiento del nuevo pelo. Pero esto no siempre funcionaba a la primera, siendo necesario repetir el proceso, en ocasiones hasta tres veces.

Durante toda mi adolescencia y juventud las recidivas fueron constantes y traumáticas. Era muy duro ser un joven en edad de acompañar a las chicas y tener la barba repleta de espacios en los que ésta se había esfumado como por arte de magia. Y lo mismo ocurría con la cabeza: siempre preocupado de que una parte del cabello tapase aquella otra región del cuero cabelludo que se había despoblado y sobre la que se estaba aplicando el remedio de turno. En otras ocasiones era una ceja completa la que se esfumaba o medio bigote, lo cual causaba extrañeza en general a quienes desconocían es asunto, que en muchas ocasiones lo atribuían a un puro y mero snobismo propio de la época de cambios sociales que vivíamos.

La teoría de un peluquero al que mi padre, con todo cariño, me llevaba de niño y adolescente era que un 'bichito' comía las raíces del pelo y en consecuencia había que defenestrarlo, acabar con él, con un bombardeo indiscriminado de ácidos. Por eso me hacía cortes en la piel con una navaja de afeitar, vertiendo después sobre los tejidos una pócima abrasiva de olor muy fuerte, con la que podías llegar a ver las estrellas en colores durante varias horas.

Pensando que en Madrid la dermatología estaría más avanzada que en mi provincia de nacimiento --lo cual no era cierto— fui llevado por mis pacientes procreadores a uno de los mejores médicos de la capital de España, de cuya visita obtuve un gran desengaño, porque el galeno –lejos de andarse con rodeos-- me dijo la verdad: que en el fondo la afección que padecía no era curable. Que se podrían ir poniendo parches, pero que a la larga el cuerpo se adaptaría a los tratamientos, la enfermedad se volvería crónica y todo el esfuerzo se tornaría inútil. En definitiva, que cabía la posibilidad de ir haciendo remiendos, pero que con los años --como así sucedió-- el asunto se iba a volver endémico y tendría una pésima evolución, lo que traducido al lenguaje popular era lo mismo que decir que con el tiempo mi cabeza se quedaría como una bombilla. Lo cierto es que cuando aquel doctor me abrió los ojos sobre lo que él creía que iba a ser mi vida futura me vi sumido en una gran depresión. Porque como es lógico yo no deseaba perder el cabello de aquella manera tan antiestética y brutal, sobre todo cuando todavía me quedaba mucha vida por delante. Así que no interioricé el diagnóstico --no lo acepté-- y seguí indagando sobre la enfermedad, leyendo sin cesar las abundantes revistas médicas a las que tenía acceso por mi trabajo y recabando también el parecer de nuevos eruditos. Recibí amables contestaciones de todo tipo. Muchos laboratorios y algunos médicos de prestigio lo atribuyeron al estrés. Pero más tarde descubriría que eso podría llegar a ser un desencadenante, pero que no estaba en el origen del mal, ya que estuve un largo tiempo tomando ansiolíticos y lo único que conseguí con ello fue andar muchos meses por la calle y en el trabajo como un necio de solemnidad, como un autómata, como un sujeto al que acaban de aplicarle un flujo de corriente eléctrica en la cabeza y queda alelado --y habiendo tenido mucha suerte de no ser atropellado por un autobús-- decidí dejar de tomar aquellos tranquilizantes. Después nuevos especialistas me aseguraron que eran unos tales linfocitos 'T' y otros que se trataba de una cuestión endocrina. Y varias cosas más... 'Nada contagioso ni que conduzca a la muerte: sólo es un problema estético...', aseguraban para aliviar mi zozobra.

Las pruebas, estudios y tratamientos continuaron: líquidos irritantes, infiltraciones de cortisona, cremas...Pero el cabello se repoblaba y después continuaba desprendiéndose por las mismas zonas o por otras como le daba la gana, sin seguir ninguna pauta o patrón. Así que desesperado acudí a una curandera, que me vertía en las regiones afectadas el típico líquido que irritaba la piel y lo cierto es que el pelo o la barba volvían a brotar. Mejor si era en la parte alta de la cabeza y peor en la occipital. Mejor en unas partes de la barba que en otras y muy mal por supuesto en las cejas, que era un lugar muy sensible por la cercanía del ojo y en el que la escasez de tejido muscular hacía que la piel se atrofiase con mayor rapidez que en otras partes del cuerpo. Se trataba de una anciana a la cual yo efectuaba pagos en especie, pero poco a poco fui notando como con el paso del tiempo su interés por mis curaciones se desvanecía y casi me recibía ya con cierto malestar y habiendo apreciado yo ese desdén en ella no se me ocurrió otra cosa que pedirle que me facilitara la fórmula magistral, para así no tener que seguir molestándola. Sugerencia que le pareció muy mal y entonces comprendí que la buena señora, aparte de dones curativos, tenía bastante mala leche y también sabía jurar como un carretero. Ante lo cual me di cuenta de lo desafortunado de mi petición y cogí raudo el camino de la puerta, no sin antes despedirme con la brevedad que requería la ocasión. Pero cuando estaba a punto de abandonar la casa oigo que me llama. 'Rapaz, espera --me dijo--, voy a apuntarte la fórmula'. Ante lo cual me quedé estupefacto y un poco receloso, pero como vi que echaba mano de una pluma y se ponía a escribir volví sobre mis pasos, en parte para no desairarla de nuevo después de tanta blasfemia que había soltado y en parte porque el asunto me interesaba mucho. Así que cogí el papel y le di las gracias, saliendo como alma que lleva el diablo y sin saber en concreto a qué atenerme.

No muy lejos del domicilio de la anciana me topé con una farmacia. Deseoso de tener pronto el contenido de la fórmula magistral en mi poder, detuve el coche y entré en la misma para hacer el encargo. El boticario leyó lo que estaba escrito en el papel y de inmediato retiró la hoja de mi alcance, colocándola dentro un cajón. Extrañado, quise saber cuál era la causa de su actitud. 'Esto no se puede preparar', me advirtió. Quise saber por qué, pero no conseguí de él otra cosa que vaguedades: '...no está bien escrito, no lo entiendo, esta persona se ha confundido...' y varias excusas más de tal guisa. Entonces caí en la cuenta de que la iracunda anciana seguramente me había preparado una pócima tan abrasiva que de haberla aplicado me habría atravesado el occipital y penetrado sin dificultad en el cerebro. Por eso quise a toda costa recuperar la prescripción de la vieja que tenía tan mala uva, pero el farmacéutico se la apropió como si se tratase la prueba de un crimen que los llevara a la horca a él y a la abuelita. Por lo tanto no tuve más remedio que marcharme, no sin antes advertir enérgicamente que 'tomaría medidas' contra ambos. De todas formas, más tarde cavilé hasta qué punto era grande la maldad de algunos seres humanos y que ante tal villanía contra un pobre desgraciado como yo ninguna acción sería meritoria de emprender. Y que más cuenta me tendría aprender la lección de no esperar nunca nada de los demás --a salvo de cuatro amigos y de la familia-- y no volver a ser tan confiado en el futuro. Pero no la aprendí, porque la desesperación lleva a los hombres a tomar en ocasiones caminos inverosímiles.

Años más tarde, cuando ya vivía en Madrid, sufrí un empeoramiento muy agudo y volví a especular con posibles tratamientos milagrosos o con la búsqueda de algún elixir de última hora que pudiera ser la solución a mis males. --De esa manera empieza a comportarse la gente cuando está desesperada, al ver que se le agotan las expectativas--. Así que esa búsqueda exacerbada me condujo a un periódico en el que aparecía un anuncio de cierto ciudadano chino prometiendo la cura de la alopecia areata. Ahí podría estar el remedio de todos mis males, pues quizás el oriental hubiese hallado una solución al enigma de la rebelión errónea del cuerpo contra sí mismo, habida cuenta de que la medicina china atesoraba una tradición y experiencia milenaria. Así que llamé por teléfono enseguida al anunciante y concerté una cita con él.

El chino me recibió amablemente, con la cortesía propia de los asiáticos y me hizo pasar. Vivía en un bloque de apartamentos y tenía un estudio de escasos metros cuadrados, sin cocina, con una pequeña cama --en esos momentos plegada-- y cierto desorden. Ni tan siquiera la reducida estancia tenía retrete. Enseguida me hizo varias preguntas y me examinó la cabeza, las cejas y la barba. Pocas indagaciones necesitaba, porque a la vista estaba el asunto objeto de nuestro 'contrato' y tampoco era cuestión de hacer una historia clínica, pues el tratamiento iba a ser bien inusual. Me ordenó que me colocara de pie y comenzó a realizar una serie de rituales, parecidos a los que yo había visto llevar a cabo a los indios sioux en las películas del oeste americano. Daba vueltas alrededor de mí y hacía trazos imaginarios con las manos por el exterior de mi cuerpo, con la velocidad y el buen tino de un hábil prestidigitador, pues era un chino maduro, pero ágil. No sé si trataba de representar cruces en el aire u otros símbolos, porque de repente me vi desbordado por aquella amalgama de trazos y misteriosas representaciones, de tal suerte que sus manos dibujaban en el aire alrededor de mi cuerpo las más extrañas figuras que uno se pueda imaginar. Además la ventana estaba abierta y yo podía comprobar como desde otras viviendas varias personas observaban con curiosidad el espectáculo. El asunto me olía a timo y mis presagios se confirmaron cuando al cabo de un rato me recomendó la lectura de dos libros americanos de la autoayuda y me dijo que habría de tomar unos comprimidos para limpieza del hígado y otros órganos. Acto seguido me pidió cinco mil pesetas de la época, cuando esa suma de dinero todavía tenía un valor decente en España, que yo solté de mala gana, pues no había quedado nada satisfecho con la obra de teatro puesta en escena y tenía la viva creencia de haber sido estafado en toda regla. Me abrió la puerta y me deseó buena suerte. Le miré con desdén sin contestarle y me fui. Esa fue otra de tantas desafortunadas historias relacionadas con la pérdida de mi cabellera, porque los rituales del exorcista chino fueron inútiles y el pelo siguió desprendiéndose cómo y donde le dio la gana, como recreándose en mi desventura, como si el sufrimiento que me producía su pérdida resultase un deleite para aquella fuerza maligna que parecía invadirme.

Pasados los años mi padre me aseguró que un antepasado suyo había contraído una enfermedad venérea en Cuba y que esa carga genética podría haberse traspasado a mí con el transcurso de los años. Aunque los médicos ya me habían advertido de esa posibilidad en ocasiones yo era reticente a admitir que los tejidos de mi organismo fuesen sucios, estuviesen contaminados, yo que siempre había amado el deporte, los árboles y la Naturaleza en su conjunto, como un don legado de forma tan espontánea y regalada que los humanos no sabíamos apreciar en toda su magnitud. Así que aunque esa idea de la transmisión la tuve siempre en el subconsciente nunca la quise interiorizar del todo, llegando a convencerme de que quizás mi padre estuviese equivocado o que en realidad no fuese esa la causa de mi debacle epidérmica.

Muchas veces mi aspecto era lamentable. Parecía un individuo hecho a pedazos, a remiendos, de los que en algunas películas utilizan como prototipos de sujetos carcelarios o de internos de lúgubres y deleznables psiquiátricos. Porque el cine ha utilizado mucho la desgracia humana para sus fines comerciales, sin piedad y con una falta total de escrúpulos. Más tarde ya, tras uno de los enésimos tratamientos médicos, un tanto experimental, sufrí la reacción inversa que padece un organismo al retirar un estímulo y recibir otro: una especie 'efecto rebote' y fui perdiendo todo el vello que me quedaba por el cuerpo, que todavía era bastante. Entonces afeité la cabeza e intenté parecerme a todos aquellos deportistas que se hacían ese tipo de corte, bien porque estaba de moda o por mero esnobismo, pero lo mío era distinto, pues se veía que se trataba de una calvicie enfermiza, de la que en la mayoría de las ocasiones se asocia con el SIDA, la sífilis, la heroína o la quimioterapia...Al ser corredor solía usar la gorrita americana de béisbol, lo cual en la mayoría de las ocasiones servía para que me relacionaran con la drogadicción. Todavía experimento y padezco esas degradaciones a menudo, lo cual en ocasiones humilla mi condición de ser humano y me hace sentirme como una bestia del bosque. Nunca he recurrido a psiquiatras o psicólogos –lo cual no se puede descartar--, porque las carreras de larga distancia y su preparación fueron siempre hasta el momento mi mejor terapia.

Los enfermos y enfermas de la alopecia areata somos los grandes damnificados del modelo de convivencia imperante. La sociedad nos criminaliza, como si nosotros hubiéramos sido los causantes de nuestra desgracia, como si nos hubiésemos labrado a sangre y fuego nuestra propia perdición. Nada de eso es cierto. Somos unas víctimas más de esa Naturaleza que a veces se enquista y produce piezas con defectos que desentonan de las demás, aun siendo esto discutible, pero qué duda cabe que está mejor visto un hombre que se atiborra a cerveza y su vientre ya casi no le deja andar que un enfermo de areata, por poner un ejemplo que entienda todo el mundo. Porque su deformidad es tomada como natural por una sociedad que aprecia como anormal lo normal y viceversa. Por una sociedad de patrones, etnocéntrica y egocéntrica, en consecuencia perdida sin remisión.

La desgracia que padecemos estos enfermos supone --o puede llegar a suponer en algunos momentos-- un auténtico estrés postraumático, similar o mayor al que se produce en las personas en situaciones de desastre con pérdida de seres queridos. Así ha sido admitido por los científicos. Pero nadie se acuerda de nosotros, como no sea para imputarnos nuestra desgracia o el ser poseedores de cualidades indeseables. Sólo en los foros de Internet y en asociaciones de ayuda muchos de los afectados y afectadas buscan consuelo, aunque en realidad no sé si lo encuentran:

<> '... Hola a todos: después de pensarlo una y otra vez, por fin he decidido hacerlo y voy a desahogar mi autoestima con gente que padece la misma enfermedad que yo. Desde que tenia 11 años empecé a perder el pelo por pequeñas calvitas, que poco a poco se fueron apoderando de toda mi cabeza, piernas, brazos y en ocasiones cejas, pestañas y pubis. He visitado cientos de dermatólogos de pago. Cientos de medicamentos han sido probados en mi cuero cabelludo y todos sin resultado alguno. Hoy en día tengo 33 años y desde los 13 llevo usando pelucas. ¡Podéis imaginaros 20 años llevándolas...!. Ya estoy muy cansada... Debería de estar acostumbrada a usarlas, pero todos los años es lo mismo: en verano me enfado porque me salen multitud de granos y en invierno me harto de constipados por los fríos que paso...Me gustaría encontrar refugio en personas que estén en mi misma situación, intercambiar sensaciones, no sé...¿Cómo lo veis....?'.

<> '...Tengo una hija de 25 años que ha perdido casi la totalidad del cabello. Usa peluca y sufre mucho con esta enfermedad. Quisiera saber de qué forma las células madre podrían ayudarla... La fe de saber que algo pudiera solucionarlo la ayudaría muchísimo. No ha querido estudiar más... y no quiere trabajar. Casi no sale de casa. Ni la ayuda psicológica funciona para ella...¿Qué puedo hacer?. Gracias y espero puedan ayudarme.'.

<> '...Hola, soy nueva en este foro y escribo porque estoy preocupada por mi hermano de 19 años. Desde hace dos aproximadamente está sufriendo pérdida de cabello y esto le está causando graves problemas psicológicos. Tiene la autoestima muy baja y no sé siente nada a gusto consigo mismo. Yo por mi parte siento la necesidad de ayudarle, pero no sé como actuar, qué decirle para que se encuentre mejor y deje un poco de lado esta obsesión. Agradecería mucho si alguien me diera algún consejo y noticias de algún tratamiento efectivo...'

<> '...Todo el mundo esta hablando de este nuevo método para curar la calvicie, un tratamiento con células madre, que funciona al cien por cien, pero que hasta ahora se ha hecho solo en animales, si bien los resultados fueron los esperados. Tengo entendido que ya se ha

empezado a experimentar con humanos. Se basa en que las células madre pueden regenerarse por sí mismas. Así ellas se diferencian con la piel y el cabello...Los científicos han explicado que este es un nuevo sistema que por fin va terminar con la calvicie, puesto que las células madre dérmicas tienen la facultad de crear nuevas células capilares y restaurar las que ya han muerto. Según mis noticias esto fue publicado en el año 2008 y ahora estamos en el 2010. ¿Alguien podría decirme si ha salido algún tratamiento?'.

En efecto, parece que varios investigadores del Departamento de Dermatología de la 'University School of Medicine' de New York, encabezados por Rabbani y Takeo, han probado que 'la activación coordinada de la señal 'Wnt' en células madre epiteliales y melanocíticas inicia la regeneración del pigmento en el folículo piloso'. Se abre una puerta a la esperanza para todo ese colectivo de hombres y mujeres estigmatizados y demonizados por la sociedad. Perdónenme que no me incluya, pues la mía es una causa perdida.

VIII
EL ALTRUISMO

Conocí a un hombre una vez que quería ser corredor de largas distancias para poder llevar a cabo retos difíciles, muchos de ellos con el objeto de ayudar a los demás, especialmente a colectivos afectados de enfermedades extrañas, complejas o con una problemática específica. Era un hombre generoso que entregaba una parte de su esfuerzo, de su cuerpo y de su vida por los desprotegidos. Como se trataba todavía de un muchacho joven tenía muchas cosas por descubrir y atesoraba una envidiable e ilimitada ilusión.

No resulta fácil encontrar personas generosas hasta esos extremos, pues parece que ese es uno de los rasgos que distinguen el comportamiento humano del animal. Para los científicos la actitud altruista que presentan los animales, de colaboración con sus semejantes --caso de las hormigas--, no es verdaderamente solidaria, ya que con su trabajo contribuyen a criar a sus hermanos, garantizando así la continuidad genética de la especie. El altruismo de los humanos —ser capaz de ayudar a un desconocido con el que jamás volverás a encontrarte-- es único del hombre y la mujer. En el caso de las hormigas --como dice el catedrático de la Universidad de Granada, Miguel Soler--, 'los favores son siempre en beneficio de los parientes, asegurando de esa manera el mantenimiento de sus genes, garantizando que pasen a la generación siguiente'.

Parece que la expresión más genuina del filantropismo es el anonimato. Pero como no todo en el comportamiento humano se torna blanco o negro --existen escalas intermedias-- en ocasiones cierto tipo de conducta altruista exige precisamente lo contrario: la significación de una persona concreta en un proyecto y el conocimiento público del mismo, características sin las cuales ni lo uno ni lo otro sería posible. Fue el filósofo Augusto Comte uno de los que más contribuyó a consolidar ese término, como contraposición al egoísmo, a partir de valores como la bondad y la caridad, en beneficio del bien ajeno y a costa del propio, sin buscar un reconocimiento. Yo tuve una etapa de mi vida en la que creí en ese desprendimiento magnánimo y llevé a cabo acciones encomiables por los demás, aunque no sé si del todo puras, pues bien es cierto que en ocasiones busqué un reconocimiento personal o este me llegó por añadidura. La especie 'sapiens' no es perfecta. Qué duda cabe que, en el caso de los humanos, es difícil que nos desprendamos de esa aureola de egoísmo que a veces ni sabemos que nos rodea. Aunque en otros supuestos es la inercia de los acontecimientos la que nos lleva a asumir un cierto protagonismo: no siempre tenemos la culpa de ello nosotros, aunque eso se convierta en un buen caldo de cultivo al fin y a la postre para las laceraciones de nuestros enemigos y detractores.

Yo me sentí muchas veces desengañado por el altruismo. Pero lo admiro y estoy firmemente convencido de que ese es el verdadero camino del hombre. ¿Y por qué me sentí herido?, desearán saber tal vez. Porque si fuera realmente bueno lo que hice nunca debiera esperar nada a cambio, ni un gesto, ni una recompensa...He ahí la encrucijada fundamental. La generosidad no siempre gratifica a quien la ejerce —es más, en ocasiones se vuelve en contra-- y por eso debe ser llevada a cabo sin esperar nada como contrapartida --tal vez todo lo contrario: un desaire, un despecho...--. Pero eso nos conduce de nuevo a la esencia de nosotros mismos: somos seres humanos y como tal imperfectos, que, como decía Gandhi, para alcanzar la ahimsa —la paz interior y el sentimiento de haber hecho el bien a los demás-- 'debemos humillarnos como el polvo de la tierra que todos pisamos y vernos a nosotros mismos tan solo como una mota en el universo de Dios'. Pero, no obstante, en muchas ocasiones nos encontramos dominados por los sentimientos, las pasiones o las frustraciones. Quizás no haya un hombre o una mujer sobre la tierra enteramente bueno, totalmente santo, porque hasta el más puro pudo haber aprendido de las doctrinas del Asia central que una de las mejores formas de desarmar a un enemigo es produciendo en él –a través de una respuesta pasiva-- un sentimiento contrario al que espera, con lo cual se sentirá envilecido e indigno y, en consecuencia, sin argumentos de revancha.

Pasado un tiempo yo mismo renegué del altruismo y me convertí en un individuo egoísta y resentido. No lo pude evitar. Y muchas veces dejé al descubierto ese resquemor en mis libros:

'...Y te vas introduciendo poco a poco en las largas distancias. Hasta que te quedas atrapado por esos retos, para unos inhumanos, para otros deprimentes y para los más de locos. Para qué entrar a discernir estos puntos de vista, cuando a buen seguro ni los más audaces psiquiatras podrían...¿De locos?. Discutible, sin duda. Porque, ¿cuáles son los locos y cuáles los otros?. A veces la frontera entre los buenos y los malos está mal ubicada o es tan tenue que se diluye en sí misma...Es más: ¿cuáles son los buenos y cuáles los malos?'. ('Historias de la Maratón, los 100 km. y otras largas distancias'. Cajastur. Oviedo,. 2011).

A la hora de escribir este libro tengo 58 años y sigo entrenando a diario, incluso algunos días dos veces. Aunque desde luego ya no tengo la ilusión que antes atesoraba a la hora de planear retos y aventuras. No pienso en la muerte pero sé que me marcharé al otro mundo pensando en lo poco que hice por los demás y tratando de olvidar lo mucho que algunos de mis enemigos debieron odiarme, debido a vida anárquica, fuera de patrones, otrora bohemia y últimamente esquiva, manteniendo una desgarrada lucha interior entre el sometimiento a unos patrones de vida que no me satisfacen, la entrega a los demás y el instinto de conservación, cuando esos 'los demás' te abandonan a la primera de cambio, al más puro estilo Haidleyville. Cada vez más me dedico a mis asuntos, a mi propia causa. No espero nada de la sociedad, como ella tampoco debe esperar demasiado de mí, seguramente. Y me afirmo en que la indignidad del ser humano no tiene límite. El mismo o la misma que ahora te sonríe no tardará en apuñalarte por la espalda en la mayoría de los casos. Desde que he interiorizado ese curioso paradigma es probable que vea las cosas más claras. Por eso admiro tanto a las personas altruistas. Quizás yo algún día sea capaz de volver a ser generoso con los demás antes de que me llegue el momento de abrazar los árboles y sentir el murmullo de las aguas de los ríos por última vez.

Escribir es expresar emociones y sentimientos que reflejas en un determinado momento --o revientas--. Puedes hacerlo con mayor o menor destreza, logrando incardinar una historia que capte el interés del lector o lectora o bien intentarlo sin conseguirlo. Porque uno es lo que es y así pretende transmitirlo en un determinado momento de su vida. Claro está que cabe la posibilidad de que al echar la vista atrás uno sienta remordimientos, porque no todo sea --como él se imagina-- una cloaca, una inmundicia. Desde luego cierto es que este mundo está infectado de deslealtad y traición, pero también existen personas buenas y capaces de entregarse a los demás. Por ejemplo, si ustedes tienen ocasión de ver la película estadounidense 'Cadena de favores' --basada en la novela homónima de Catherine Ryan Hyde-- comprobarán que la historia es dramática, pero conmovedora y que hay en el mundo seres magnánimos como por ejemplo Euegenio Simonet (Kevin Spacey) y Trevor McKinney (Haley Joel Osment), pero que uno debe estar siempre preparado para cuando las cosas se tuerzan y al final, muy a nuestro pesar, la victoria se decante del lado del mal.

Según el conocido físico y economista argentino Andrés Schuschny, '...en el pensamiento occidental se halla profundamente arraigada la idea de que el comportamiento humano es esencialmente egoísta. Pero son muchas las personas que, como yo --dice-- mantenemos un punto de vista opuesto. A mediados del siglo XVIII, por ejemplo, el filósofo empirista David Hume escribió mucho sobre la 'benevolencia natural' de los seres humanos. Tiempo después incluso Charles Darwin atribuyó a nuestra especie un 'instinto de simpatía'. Pero por alguna razón en nuestra cultura ha echado raíces el punto de vista más pesimista sobre la Humanidad, al menos desde el siglo XVII, bajo la influencia de filósofos como Thomas Hobbes escritor del famoso 'Leviatán', quien tuvo una visión bastante pesimista de la especie humana, a la que consideraba violenta, competitiva y en un permanente conflicto, abocada únicamente a la consecución del propio interés. Hobbes, que se hizo famoso al eliminar cualquier atisbo de bondad humana básica, según se cuenta fue descubierto en una ocasión dándole dinero a un mendigo y al ser interrogado acerca de este impulso de generosidad, afirmó: <No lo hago para ayudarle, sino para aliviar mi propia angustia al ver su pobreza>'.

Lamentablemente las ciencias sociales en general y la psicología en particular se aferraron a ideas como éstas, admitiendo e incluso estimulando dicho egoísmo, al suponer que toda motivación humana es, en último término, codiciosa y se basa puramente en el propio interés. Sigmund Freud afirmó en 'El malestar en la cultura', que 'la inclinación hacia la agresión es una disposición pulsional autónoma, originaria del ser humano'. En la segunda mitad del siglo pasado hubo algunos autores entre los que se pueden destacar Robert Ardrey y Konrad Lorentz, que examinaron las pautas del comportamiento de especies animales depredadoras y llegaron a la conclusión de que los seres humanos también éramos básicamente depredadores, dotados de una tendencia innata a luchar por la posesión de territorio. El péndulo parecía alejarse de la visión de la naturaleza bondadosa y compasiva del ser humano. Pero durante las dos o tres últimas décadas cientos de estudios científicos indican que la agresividad no es innata y que el comportamiento violento está influido por factores biológicos, sociales, situacionales y ambientales. Científicos contemporáneos como Daniel Batson o Nancy Eisenberg han realizado numerosos estudios en los que se demuestra que los seres humanos tenemos una tendencia hacia el comportamiento altruista y algunos científicos, como la socióloga Linda Wilson, han tratado de descubrir la causa. La doctora Wilson ha teorizado que el altruismo puede formar parte de nuestro instinto básico de supervivencia, precisamente lo opuesto a las ideas de pensadores anteriores, quienes sostuvieron que la hostilidad y la agresividad eran la característica constitutiva de nuestro instinto de supervivencia...(Fuente: Andrés Schuschny)

Otras investigaciones también indican que en la relación entre egoísmo y altruismo tiene una gran importancia el factor tiempo. Y ponen como ejemplo el caso de los hundimientos de los vapores de lujo 'Titanic' y 'Lusitania'. La cadena informativa Moscú RT, a través de la organización sin fines de lucro TV Novosti, en su artículo 'Egoismo versus altruismo: el factor decisivo es el tiempo', asegura que '...recientes estudios revelan que el factor del tiempo resulta decisivo cuando se trata de elegir entre actuar egoísta o altruistamente frente a una situación de emergencia. Alain Bombard, biólogo, médico y político francés famoso por haber navegado a través del Atlántico en un barco pequeño sin provisiones, combustible o agua, declaró a mediados del siglo XX que un ser humano debe aprovechar cualquier oportunidad para salvar su vida. En esta década, especialistas australianos y suizos realizaron un estudio para probar la hipótesis que existen en la teoría económica contemporánea acerca del comportamiento racional del ser humano. La investigación se basó en el análisis econométrico de los datos de los pasajeros y miembros de la tripulación de dos de los naufragios más famosos del siglo XX: el del 'Titanic' y el del 'Lusitania'.

Según los científicos, estudiar el comportamiento humano durante condiciones extremas les permitió entender cómo este puede variar dependiendo de distintas circunstancias externas. El 'Titanic', un transatlántico de lujo, naufragó tras chocar contra un iceberg en la noche del 14 de abril de 1912 durante su viaje inaugural. Tardó en hundirse dos horas y 40 minutos, sepultando a 1.517 personas --En total había 2.201 a bordo, entre pasajeros y su tripulación--. Los que sobrevivieron a la catástrofe fueron en su mayoría mujeres, niños y sus cuidadores: un 75% de las mujeres que estaban a bordo y sólo el 20% de los hombres. El 'Lusitania', otro lujoso barco de pasajeros, fue torpedeado el 7 de mayo de 1915 por el submarino alemán 'U-20' frente a costas irlandesas. Tardó unos 18 minutos en hundirse y de los 1.256 pasajeros que estaban a su bordo, sólo sobrevivieron 475, mientras que de sus 693 tripulantes, se salvaron 292 personas. De 137 niños que llevaba fueron rescatados 41 y de las 464 mujeres, sólo 177'. En este segundo supuesto los investigadores comentan que la mayoría de los sobrevivientes eran jóvenes y estaban en buenas condiciones físicas.

En un artículo publicado en 'Proceedings of the Nacional Academy of Sciences' (www.pnas.org), estos investigadores afirman que los distintos comportamientos manifestados en estos naufragios se deben a la diferencia de tiempo que tuvieron para reaccionar: casi tres horas en el caso del 'Titanic' y tan solo 18 minutos en el del 'Lusitania'. Uno de los científicos involucrados en el estudio, Benno Torgler, de la Universidad Tecnológica de Queensland, Australia, explica que este trabajo comparativo muestra que es el factor tiempo el que determina el comportamiento de las personas en momentos críticos. Con ello pone punto final al debate existente entre si es el instinto de supervivencia o la moral lo que condiciona las acciones en estas situaciones. Los expertos concluyen que el comportamiento humano se determina –cuando el tiempo disponible es escaso-- por el instinto de supervivencia y el egoísmo. Mientras que son la moral y la ética las que entran en funcionamiento si un individuo tiene tiempo suficiente para hacerse consciente de ellas.

A pesar de que ambos barcos eran de la misma clase, con el mismo tipo de pasajeros a bordo, los individuos actuaron de maneras completamente distintas. En el caso del 'Lusitania' los que ocuparon los seis botes salvavidas eran hombres jóvenes y bien entrenados. Dominó el comportamiento egoísta propio del 'hombre económico clásico'. Por tanto, desde esta perspectiva el ser humano se comportaría como a un sujeto perfectamente racional y sería capaz de procesar adecuadamente la información que conoce para actuar según sus propios intereses. Por el contrario, en el caso del 'Titanic', el tiempo bastó para que la moral se apoderara de la situación y echara abajo los principios económicos estándar. (Fuente: www.pnas.org).

No voy a especular mucho más en torno al altruismo y al egoísmo. Sólo quise hacer esta pequeña –aunque en cierto modo exhaustiva-- introducción para que ustedes, mis lectoras y lectores, tomaran conciencia de estos dos campos antagónicos y de cómo puede ser más fácil que el ser humano pueda decantarse en determinados momentos por la conducta ególatra en vez de por la ascética, solidaria y humanitaria. Y si he establecido esta comparación no ha sido por otra cosa que para destacar el comportamiento del ilusionado, abnegado y generoso muchacho de quien les hablé al principio, que desde sus inicios como corredor de largas distancias dedicó una parte de su vida a ayudar a los demás inmolando su cuerpo en sacrificios extraordinarios -- que él llama 'retos solidarios'—, los cuales consisten a menudo en correr ininterrumpidamente durante muchas horas y kilómetros, bien para obtener fondos o ayudas para personas socialmente desfavorecidas o bien dando a conocer problemas que de otro modo tal vez nunca salieran a la luz.

Conocí a Antonio Madriñán Fernández en el transcurso de la décima edición de las '24 Horas de La Fresneda Running Race', cuando tenía 28 años. Al interesarme por su vida y el contexto en el que esta se desarrollaba me dijo que había sido jugador de hockey hierba, pero que un accidente le había truncado esa ilusión. Hasta que posteriormente optara por ingresar en las Fuerzas Armadas, institución que le devolvió la confianza en el deporte, en este caso en la carrera continua. Cuando se iniciaron las '24 Running Race' del año 2010 me vino a saludar y me dijo que era el que '...era el que quería correr 80 millas'. La verdad, me extrañó bastante que llegara dispuesto a sufrir tantas horas, teniendo en cuenta además que el circuito de 'La Milla' —1.609 metros— estaba muy embarrado, debido a las torrenciales lluvias de mediados del mes de mayo de aquel año. Él mismo relata en el libro 'Historias de la Maratón, los 100 km. y otras largas distancias' cómo fue ese encuentro conmigo:

'...Llego a la salida de las 'Running Race', en el club de campo de La Fresneda. Muchos corredores y corredoras están colocándose los dorsales. Veo a García-Millariega y me acerco para saludarle y decirle que soy el que va a correr las 80 millas. Él me mira con un gesto entre distraído y de extraño y me dice que le parece bien. Como no ve me titubear me da ánimos, mientras se dirige a buscar mi número. Y yo me preguntaba lo que estaría pensando de mí, quizás que era un pobrecito o un incauto que no iba a ser capaz de completar esa distancia. O que tal vez tanta seguridad me conduciría al éxito. Algún día me lo dirá...'.

Desde luego Antonio Madriñán logró su objetivo de dar las 80 vueltas a 'La Milla', aunque eligió un mal día, una jornada de viento y lluvias copiosas que convirtieron en impracticable una parte del trayecto. También fue el que más kilómetros acumuló y por tanto el vencedor, aunque soportando unas condiciones muy duras día y noche. Como ejemplo sirva el hecho de que fue necesario desviar el trazado de prueba varias veces, pues en algunos de sus tramos el sendero se había vuelto una ciénaga. Ese fue su nacimiento como ultrafondista. Pero será mejor que él mismo nos siga refiriendo algunos detalles de aquella epopeya:

'...Allí había grandes corredores, auténticos apasionados del ulltrafondo. Pero todo eso no me puso nervioso. Yo me concentré en mi cometido, entre otras cosas disfrutar de la prueba haciendo lo que me gustaba, que era correr. Mi planteamiento de carrera se basaría en las sensaciones: si me encontraba bien iría más rápido y en otro caso reduciría el ritmo o caminaría.

Estoy ya en posición de salida. Suena el cohete y se abre tan extraordinaria carrera. La primera zona es asfalto, pero ¡sorpresa!: aparece un camino de tierra completamente embarrado, la famosa 'Milla', que siempre ha estado como una alfombra y hoy se encuentra en pésimas condiciones debido al temporal. Me quedo asombrado, pues el 70% de los 1609 metros es un circuito de cross lleno de grandes charcos. Además comienza a llover. Pero eso no me da miedo: ha empezado mi duelo personal y no voy a dejar que nada lo estropee...Termino los primeros 42 kilómetros en 4 horas y 8 minutos. Me tomo un periodo de descanso y me pongo a llevar a cabo la segunda maratón. La termino en 3 horas y 50'. ¡Vaya locura!. Alcanzadas las diez y media de la noche ya había corrido 84 kilómetros entre aquel tremendo lodazal.

Las sensaciones son buenas y aún tengo bastante fuerza. Descanso un poco y me alimento. Pero cuando vuelvo a correr noto como la pierna izquierda me duele mucho. El circuito se vuelve impracticable y mis molestias van en aumento. No puedo ya ni tan siquiera trotar. Así que a las doce de la noche decido que en lo sucesivo voy a caminar, aunque todavía me faltan por completar 28 millas, unos 45 kilómetros. No puedo perder ni un segundo. No me importa el no poder correr ni la lesión: lo único que me preocupa es el hecho de no ser capaz de cumplir mi promesa.

De esa manera voy caminando y arrastrándome durante las 28 millas, casi sin tener con quien hablar durante toda la noche. Para colmo de males compruebo que el agua me había producido una gran ampolla en la planta de un pie. Pero debo continuar, no puedo desfallecer, tengo que cumplir mi palabra. Empieza a amanecer y la afluencia de público y de participantes es ya mayor. Todo el mundo me anima. A las 11 de la mañana del segundo día se anuncia por fin por megafonía mi última vuelta. Tras 23 horas y 15 minutos de lucha, con 130 kilómetros recorridos, unas 11.963 calorías consumidas y una media de pulsaciones de 143 por minuto, puedo decir que soy ultrafondista...".

Ese fue el comienzo de Antonio Madriñán como corredor de largas distancias. Después su participación en otras pruebas de ultrafondo se sucedería en el tiempo, pero en la mayoría de las ocasiones orientando su esfuerzo hacia la consecución de un fin útil a los demás. Porque qué duda cabe que la generosidad con el prójimo despierta en el individuo que la presta un sentimiento interior que lo reconforta en la medida que comprueba la utilidad de su acción benefactora. La solidaridad y la generosidad son virtudes que nos llevan a entregarnos a los demás de manera habitual, poniendo a su servicio lo mejor de nosotros mismos, tanto bienes materiales como cualidades y talentos. Además hay quien dice que solo podemos ser realmente felices cuando despertamos este sentimiento en quienes reciben nuestra ayuda.

En el mundo tienen lugar muchos actos de altruismo diariamente, pero algunos de ellos provienen de personas para las que un gesto generoso no va a significar un auténtico sufrimiento. Desde luego hay poca gente dispuesta a ofrendar su cuerpo durante muchas horas para lograr que los más desfavorecidos reciban una compensación económica, aunque esta no sea muy grande. Un hombre opulento puede hacer una donación, lo cual tiene un gran mérito desde luego, pero habrá perdido tan solo un poco de su capital, lo que puede no haberle producido un gran quebranto económico. No obstante sería distinto si ese mismo hombre tuviera que entregar esa suma a costa del holocausto de su cuerpo durante mucho tiempo, como es el caso de nuestro corredor Antonio Madriñán, que en su última acción benefactora corrió en un circuito irregular de 800 metros y con cierta pendiente la distancia de 250 kilómetros durante 48 horas y de forma ininterrumpida, recaudando casi dos mil euros en favor de la 'Fundación Meniños', una entidad de acción social sin ánimo de lucro volcada en conseguir que algunos de los niños y niñas que viven en situación de exclusión social puedan ejercer su derecho a crecer en una familia.

La generosidad es pensar y actuar hacia los demás; es decir, hacia afuera, no hacia adentro. Es el caso del bienhechor económico que puede permanecer en la sombra, lo cual resulta perfectamente viable. Pero no en el caso del ultrafondista que ofrenda y martiriza su cuerpo y quizás su alma durante muchas horas. Porque se dice que el verdadero acto en favor del necesitado resulta de más valor en la medida que más discreto es. Entonces, ¿es más altruista el del donante anónimo?. Ni mucho menos: lo que ocurre es que estamos hablando de cosas diferentes. El corredor o corredora de largas distancias utiliza su cuerpo para lograr el fin deseado. Por lo tanto un hombre o una mujer que se disponen a correr 48 horas para lograr unos cientos de euros necesitan dar a conocer su proyecto y, cuando menos, el apoyo de los medios de comunicación. No solo para contar con el aliento de otros hombres y mujeres durante las largas jornadas de soledad que le esperan, sino porque muchas veces –casi siempre— el que se recaude más o menos dinero va a depender de la aceptación social que tenga el evento. Quede hecha esa aclaración, porque siempre se suele imputar cierto afán de infundado protagonismo a quienes con la mejor voluntad dejan su sudor y su sangre en gestas inhumanas a favor de los necesitados. Si tuvieran que realizar esas expiaciones en la soledad más absoluta y en lugares recónditos su sacrificio sería estéril.

Yo acompañé a Antonio Madriñán durante algún tiempo en su gran hazaña de completar los 250 kilómetros en 48 horas, a lo largo de las cuales otras muchas personas y atletas se acercaron también a compartir su esfuerzo y a dejar su donativo. Esa era la esencia del sacrificio, no el alcanzar un mérito personal. Cuanta más gente acudiese mayor sería la recaudación. He ahí la necesidad de una gran difusión de la prueba y su contraposición con los altruismos que se pueden llevar a cabo desde la penumbra.

'Arranca este impresionante reto –cuenta el atleta-- el día 31 de agosto de 2012 a las doce de la mañana, que es cuando tomo la salida acompañado de multitud de amigos, familiares y corredores del Principado de Asturias. Por delante quedan muchos kilómetros, muchas horas y muchos sueños...Mi planteamiento de carrera es sencillo: llegar corriendo hasta donde pueda y plantearme después otra estrategia. El ritmo inicial no es demasiado rápido y me permite ir charlando en grupo. Se respira un ambiente especial mientras los niños nos deleitan con su espontaneidad y nos arrancan alguna sonrisa. En las carpas está mi novia Sheila y mi equipo de 'Esportate' haciendo las inscripciones y atendiendo a quienes por allí se acercan.

Me siento muy apoyado e intento no pensar en cuántas horas me faltan de sacrificio ni en cuántas vueltas tendré que dar. Allí está Pedro Cuenca y muchos otros atletas: hombres y mujeres que, con su charla y camaradería, intentan evadir mi mente de pensamientos negativos. Me encuentro psicológicamente fuerte y tengo ganas de hacerlo bien. Los kilómetros pasan sin que nos enteremos: la media maratón, la maratón...No siento ninguna molestia ni padezco agotamiento alguno, aunque el sol está calentando con fuerza. Transcurren las horas y ahora corro con otro entusiasta del altruismo, José Luis López Somoano. Me doy cuenta de que una fina capa blanquecina cubre parte de nuestro cuerpo, por lo que debemos parar para recuperar las sales minerales. Soy consciente de que si no cuido estos detalles puedo llegar a tener problemas serios.

Llega la primera noche. Llevo dos maratones concluidos. Somoano me ha acompañado durante más de 50 kilómetros, motivándome, dándome fuerzas, haciendo suya una causa que es de todos. Es un hombre de acción al que admiro, por sus retos solidarios y por el apoyo que presta a los de los demás. Pero ahora se despide de mí y con su adiós micalzado se comienzan a desgarrar justo donde dobla el pie. Pero ya estoy a punto de sobrepasar los 110 kilómetros. Corro de forma 'minimalista', con una zapatilla de solo 4 milímetros de suela y no quiero que un corte en el pie me pueda llevar a un abandono forzado. Me pregunto cuántas personas en el mundo habrían corrido de forma 'minimalista' tantos kilómetros en sendero de 800 metros.

Mi forma física y psicológica es buena. Me alimento con frecuencia. No pienso en lo que falta, solo avanzo y avanzo...Unos corredores van, otros vienen, muchos repiten sesión, pero todos y todas colaboran lo que pueden para ayudarme a sacar el reto adelante. Me gusta ver a la sociedad implicada, en todos sus estratos, en todas sus capas...

De madrugada me siento bien, por lo que no necesito café ni nada por el estilo para evitar tener sueño. Simplemente no lo tengo, al menos de forma tan exagerada como en la mayoría de carreras en las que participo. De todas formas, aun así decido hacer dos pequeños descansos de media hora, uno a las cuatro de la mañana y otro dos más tarde. El resto del tiempo o bien llevo un trote suave o bien camino.

Con la llegada del amanecer del primer día también aparecen caras nuevas, entre ellas la de Luis Foxtrot, el alcalde del municipio que acoge la prueba, Corvera de Asturias. Es un gesto que me emociona y *de nueva me afloran sentimientos positivos, nuevas ilusiones y muchas ganas de llevar a cabo mi promesa, aunque el cansancio ya es patente. Y con los primeros rayos del sol viene a correr Héctor Moro, una persona que también intenta ayudar a los demás a través de su proyecto <¡Si Quiés Pués!, Kilómetros Solidarios --<Si Quieres Puedes...>-- y para el que el deporte, como dice, es 'la herramienta más efectiva que poseo para ayudar a los demás, porque es la que mejor sé usar'. También hace acto de presencia Millariega, con el que no he estado desde el último campeonato de España de 100 km. y numerosos integrantes de mi equipo, el 'Esportate'. Me siento motivado y a gusto, con la familia volcada también en mi lucha y la sociedad deseando formar parte de la misma. ¡Algo histórico e increíble!.*

Por la tarde viene a acompañarme un gran deportista, el fisioterapeuta Lorenzo del Pozo, que provoca en mí una reacción vertiginosa, con lo cual a las 9 de la tarde hemos conseguido ya los 200 kilómetros. Ahora me queda pasar otra noche, aunque parece que será menos dura que la anterior y que me permitirá tomármelo con un poco más de calma. Dejo pasar las horas y repito los mismos descansos que en la anterior. Mientras corro o camino pienso en muchas cosas, pero casi todas positivas, pues el desafío me está resultando más fácil de lo que yo suponía. No sé cuál será la fuerza que me empuja, pero contra todo pronóstico me encuentro increíblemente fresco. Seguro que tienen mucho que ver también los excelentes masajes de la fisioterapeuta que me atiende, la cual dos veces al día manipula mis piernas para que puedan rendir al máximo. Aunque como el esfuerzo es tan grande, no puedo evitar padecer una pequeña tendinitis en el tobillo derecho, que no obstante ella se encarga de mantener bajo control. Todos estamos muy contentos pues se está recaudando una cantidad de dinero respetable en favor de la 'Fundación Meniños'.

Ahora me enfrento al segundo amanecer con todos los ánimos intactos, aunque ya cansado después de tantas horas de lucha. De nuevo viene a acompañarme el alcalde de Corvera y Guzmán Menéndez (Esportate) y llegará mucha más gente para poner un broche de oro a la jornada, entre ellos también el gran corredor de fondo Francisco López de Dios. Ahora es cuando empiezo a mirar de reojo los kilómetros que he recorrido y la cantidad de vueltas que he dado al circuito y veo que estoy en el mismo kilómetro cuadrado en el que empecé hace ya casi dos días, sin parar de girar en redondo, como intentando escaparme a ningún sitio...

Se acercan las doce horas del día 2 de septiembre. Quiero llegar a alcanzar los 250 kilómetros. Todo un grupo de amigas y amigos me conduce en volandas hacia la última vuelta y hacia la meta. Entro arropado por todos y entre los aplausos de un público apasionado. ¡La había conseguido!. En esos momentos tengo pensamientos de agradecimiento para todo el mundo, por lo que decido invitar a quienes lo deseen a acompañarme en una última vuelta de honor, para que no haya nadie que no se sienta partícipe del logro de recaudar casi dos mil euros para la 'Fundación Meniños' y llevar su nombre a través de las ondas y del papel escrito a todas partes, al objeto de que se conozca cada vez más quiénes son y a qué se dedican. No pienso en el esfuerzo que yo realicé sino en el de los demás y aunque pasen mil horas continuaré sin saber como compensar a todo ese público y amigos que me han dado su cariño y aliento. Si existe en el mundo un ejercicio de fe y de poder sin duda este es uno de ellos. Además, en lo personal este reto ha sido un tesoro y en lo deportivo un regalo, pues no todos los días se corren 110 kilómetros en 'minimalista' ni 250 kilómetros en 48 horas'.

IX
ATORMENTADO

Era un hombre desesperado, abatido y humillado. Se llamaba Ernesto Balbín y los años en que yo supe de su caso no eran los mejores para remontar el vuelo, pues la gran depresión de principios del siglo XXI estaba haciendo estragos por doquier. El trabajo escaseaba, casi una cuarta parte de la población estaba parada y el gobierno de turno había tenido que aprobar una ayuda urgente para que muchas familias a las que se había acabado la prestación por desempleo pudieran llevarse algo caliente a la boca. En esa situación, con la autoestima completamente perdida, a Ernesto Balbín le resultaba muy difícil no sentirse como un desecho humano. Había caído tan bajo que ya casi había perdido toda la personalidad. No por su culpa, pues era un trabajador serio y riguroso, excelente profesional de la empresa correspondencia y paquetería urgente donde trabajaba, oficio que dominaba a la perfección.

Lo que ocurrió fue que un día Balbín, cansado de trabajar por cuenta ajena y considerándose capacitado para emprender un negocio como empresario autónomo y lograr mayores beneficios económicos, creyó ver un nicho de mercado en el sector de la mensajería urgente, por lo que no dudó en tratar de penetrar en un negocio que tampoco le ponía muchas barreras a la entrada. Se despidió de forma amistosa de la empresa en la que prestaba sus servicios, que aunque no vio con buenos ojos que uno de sus mejores empleados se marchase de la misma para hacerle la competencia, tampoco le puso demasiadas trabas, pues no se iba con una cartera de clientes, ya que los grandes usuarios que interactuaban con la sociedad en cuestión no funcionaban en el mercado minorista en el que Balbín se iba a mover. Además, al tratarse de un trabajador con un contrato indefinido, renunciaba unilateralmente a los derechos de una presunta indemnización de las que la ley prevé para los casos de extinción del contrato por causas no imputables al operario. Aunque, quizás porque les remordía la conciencia, sí pusieron a su disposición una módica cantidad económica, en señal de reconocimiento por los buenos servicios prestados.

Balbín era un hombre austero y metódico que no despilfarraba el dinero y sus gastos fuera de la familia se reducían a algunos cafés y a comprar de vez en cuando unas zapatillas de 'running', pues al ser corredor popular de maratón, su mayor gozo era salir --en sus ratos libres, que no eran muchos-- a entrenar por carreteras, caminos y bosques, regresando a casa con un sudor glorioso –la escenificación de la purificación de su cuerpo--, pero que pedía a gritos una ducha reparadora. Su mujer trabajaba en una compañía de seguros y también traía a casa un sueldo. Así que tenían a buen recaudo unos prudenciales ahorros, que, junto con la gratificación recibida de la empresa y algunas ayudas oficiales, les iban a permitir poner en marcha el nuevo negocio sin muchas angosturas.

Por lo tanto no tardó mucho en realizar los trámites burocráticos para poner en regla su nueva sociedad. Antes había diseñado la logística de su funcionamiento. Operaría en trayectos más cortos que en los que lo hacía su antigua empresa y cubriendo las necesidades de unos clientes cuyas prioridades solamente podrían ser atendidas de forma personalizada por un servicio más ágil e inmediato como el suyo. Estaba seguro de triunfar, ya que durante mucho tiempo había visto como ese sector en el que él iba a moverse adolecía de ciertas carencias que no atendía el mercado tradicional. Así que enseguida llevó a cabo una modesta campaña publicitaria, tras haber fijado como zona de acción su provincia de residencia y dos limítrofes, lo cual no le pareció demasiado ambicioso. Una vez que obtuvo el compromiso de potenciales clientes compró dos furgones grandes y empleó como conductor de uno de ellos a un cuñado suyo. Todo parecía estar encaminado y por lo visto solo necesitaba de un poco de esa suerte que acompaña a los triunfadores.

Durante la fase de crecimiento la pequeña empresa de Balbín fue cogiendo poco a poco cotas de mercado y aunque se enfrentó a algunas dificultades imprevistas, pues no había hecho un estudio logístico exhaustivo --como sucede en esos casos en los que uno se lanza un poco a la aventura-- y se encontró con algunos inconvenientes, como desajustes horarios, excesivo consumo de combustible en algunos casos y otros similares. Pero con su ilusión inmensa y la vehemencia de los primeros momentos la expansión continuó adelante con gran ímpetu, aunque no le quedara mucho más beneficio que para cubrir costes y algo más con lo que alimentar a la familia y pagar el sueldo de su cuñado. Sin embargo era consciente de que el desarrollo de una empresa se produce poco a poco y de que en una primera fase de propagación del negocio es corriente que los beneficios y la consolidación del mercado se produzcan en el medio plazo. Él mismo conocía casos de grandes sociedades que habían estado simplemente cubriendo costes durante años y que después habían despegado de forma excepcional, convirtiéndose en líderes indiscutibles. Así que debería de tener calma, una gran virtud, sobre todo en los momentos difíciles.

Pero el tiempo pasó y llegó la gran recesión del siglo XXI, aquella que solo había tenido parangón en el 'crack del 29' de la centuria anterior, origen de muchos males y paradigma de otros, que fue durante mucho tiempo estudiada en universidades y foros políticos y económicos, pero quizás nunca tan bien explicada con lo hizo en su columna de 'Libertad Digital' el historiador, escritor y periodista español

--autor de numerosas obras de divulgación histórica, ensayos y novelas-- César Vidal Manzanares:

'El final de la primera guerra mundial en 1919 trajo consigo cambios espectaculares. Quizá el más significativo fuera que Estados Unidos había emergido como una gran potencia y que se había convertido en el primer acreedor mundial. El triunfo de los bolcheviques en Rusia en 1917 había hecho temer la extensión de revoluciones sociales en Europa pero a inicios de los años veinte la amenaza estaba, aparentemente, conjurada y, en medio de una extraordinaria creatividad artística, el mundo parecía no sólo recuperar la tranquilidad sino avanzar hacia un bienestar incomparable. No en vano se comenzaba a hablar de unos 'felices años veinte' en los que a los sonidos del charlestón se sumaron los de los primeros automóviles o las pianolas que aportaban la música de fondo a las películas de Charlot.

En 1927, tras haber recogido enormes beneficios en el exterior y apoyándose en una economía en estado de expansión, los financieros de Estados Unidos que operaban en la bolsa de Wall Street dirigieron sus operaciones hacia el mercado interior. Esta decisión tuvo una trascendencia considerable ya que en la medida en que compraban valores nacionales se producía una subida de los precios de las acciones de las empresas norteamericanas. Como era de esperar, mientras seguían produciéndose subidas, aumentaba el número de inversores que deseaban aprovechar la tendencia alcista de la Bolsa.

Cuando llegó el año 1929, cerca del nueve por ciento de los norteamericanos había invertido ya sus ahorros en el mercado de valores. En algunos casos lo habían hecho por su cuenta pero en otros se habían valido de empresas de inversiones creadas con esta finalidad. Esta circunstancia significaba no sólo que su futuro dependía de los avatares de la Bolsa sino también el de sus hijos porque esos ahorros en no escasa medida tenían la finalidad de asegurar sus estudios en la universidad o la apertura de negocios de mayor o menor dimensión. Cuando en el mes de marzo de 1929, Herbert Hoover fue nombrado presidente todo hacía preludiar un mandato feliz. ¿Todo? La Reserva Federal aumentó en un uno por ciento el tipo de interés y aconsejó a los bancos que la componían que no concediesen créditos para invertir en la Bolsa. Temía —y no le faltaba razón— que la época de las vacas gordas terminara. Sin embargo, al final la Reserva no se atrevió a mantener esta línea de conducta porque uno de sus directores tenía importantes intereses en el mercado de valores y no deseaba perder dinero. En cualquier caso, la voz de alarma estaba dada y en octubre de 1929, comenzó a producirse una venta de activos bursátiles con la intención de convertirlos en otras actividades.

No era nada grave pero no tardó en cundir el pánico. El miércoles, 23 de octubre se vendieron seis millones de acciones a precios que cada vez resultaban menores. En el denominado 'jueves negro', el número de acciones vendidas se elevó a doce millones. Cuando comenzó la semana siguiente se vendieron otros nueve millones de ellas.

En el 'martes negro' —tras una pérdida de más de veinticuatro mil millones de dólares en una semana— se colapsó la Bolsa. Entonces el pavor que se había apoderado de la Bolsa de Nueva York se extendió como una mancha de aceite por todo el país. En Chicago, en San Francisco: se produjo el caos. La respuesta inmediata de la gente de la calle fue acudir a los bancos donde tenían depositado su dinero para retirarlo. Como era de esperar, éstos no pudieron devolver todos los depósitos por la sencilla razón de que una buena parte estaba invertida en préstamos o inversiones. El resultado inmediato fue la quiebra en cadena de un banco tras otro y con ella los suicidios de financieros y empresarios que se habían visto arrastrados a la ruina de la noche a la mañana. El gobierno podía haber contenido aquella situación simplemente con nuevas emisiones de moneda y realizando un llamamiento a la tranquilidad. No lo hizo y en cuestión de semanas, los impagos y la morosidad se dispararon y con ellas el cierre de las empresas y el desempleo.

En Estados Unidos, el número de parados ascendió a dos millones de personas. Era un desastre pero peor fue en Gran Bretaña donde llegó a cuatro millones o en Alemania donde rebasó los seis. Economías que contaban con buenas perspectivas como la argentina, la mexicana o la brasileña se vinieron abajo. Lo peor de todo no fueron los efectos económicos de la crisis sino los socio-políticos. De la noche a la mañana, la clase media se vio aniquilada y arrastrada hacia su proletarización mientras que la clase obrera acentuaba su desconfianza hacia los sistemas liberales y volvía los ojos hacia soluciones totalitarias que, en apariencia, le asegurarían al menos el pan cotidiano. El desprestigio de los parlamentarismos comenzó a tener por ello resultados acentuadamente dramáticos en todo el mundo.

En 1930 el partido nazi de Hitler pasó a convertirse en la segunda fuerza electoral de Alemania y tres años después alcanzaba el poder absoluto. En 1931 nacía la República en España en medio de posiciones radicalizadas de las izquierdas y del temor de las derechas a una revolución social. Tres años después sufría un levantamiento de izquierdistas y nacionalistas y en 1936 un golpe militar que degeneraría en guerra civil. Mientras tanto la URSS, la Italia fascista y la Alemania nazi hacían gala de sus apetencias territoriales. En 1939 una nueva guerra mundial aniquilaría el mundo posterior a la Gran Guerra de 1914-18 dejando tras de sí la estela de cincuenta millones de muertos. En sus orígenes, se hallaban la especulación ciega, la quiebra de Wall Street y la incapacidad de los gobiernos para controlarla'.

Balbín no vivió el 'crack de 1929', pero sí tuvo la mala -- para algunos especuladores buena-- suerte de tener que atravesar otro periodo de la historia convulso y crítico, de esos que desembocan en los extremos --una vez perdida la confianza en la democracia--, surgiendo con ello líderes y movimientos que lo mismo instauran regímenes autoritarios que emprenden una lucha soterrada para agitar a las masas, que empieza asaltando supermercados y ocupando fincas y termina no se sabe cómo. Porque algo así ya se había visto antes cuando el desencanto político y el resentimiento forjó líderes tiránicos --que eran aclamados por pueblos enteros-- o fecundó el germen del descontento social, azuzado por la miseria y la acción desesperada de los que cuando ya no tienen nada que perder se echan a la calle a emprender una acción directa que les permita llevarse al estómago algo caliente cada día, una vez que se han visto despechados en el resto de las 'alternativas'. En esos casos es cuando --cegada la razón por la pasión, con los vientres vacíos y las deudas pesando como losas-- los movimientos fraternales o visionarios toman cartas en el asunto, aunque no siempre sean corrientes espontáneas o naturales y las más de las veces obedezcan a las consignas recibidas desde la sombra --que es el sitio natural de los poderes más fácticos--, sobre todo cuando los estados atraviesan periodos en los que se ven debilitados internamente.

Así que Balbín se vio metido sin desearlo en los efectos perversos de la quiebra de la banca estadounidense Lehman Brothers, cuyo derrumbe instauró dos semanas de pánico mundial e hizo tambalearse los cimientos más profundos del mundo capitalista. La Lehman llevaba 158 años en el mercado. Nacida de un emigrante alemán que comerciaba con algodón, fue capaz de sobrevivir a dos guerras mundiales y al 'crack del 29', pero diversificó el negocio y enfocó una gran parte del mismo a la banca de inversión y de entidades hipotecarias, en las que encontró en un principio una gran fuente de ingresos. Pero, según dice textualmente el periodista económico Pablo L. Barbero '...la avaricia rompió el saco y la irrupción de las hipotecas 'subprime' fue introduciendo en el agujero negro a uno de los bancos más importantes de los Estados Unidos, al que le resultó imposible salir de esa vorágine de finanzas intoxicadas y quebró'.

Cuando los efectos de ese vendaval comenzaron a causar estragos también en España era el momento en el que Ernesto Balbín estaba empezando a ver algún beneficio claro en su arriesgada apuesta empresarial. Pero, como si su castillo comenzara a derrumbársele de pronto, no sin tardar mucho comenzó a notar una pérdida de clientes o una reducción sustancial en los encargos que éstos le hacían. Todos los sectores estaban desplomándose poco a poco, principalmente el de la construcción, que arrastró consigo a muchos otros y además su caída tuvo un efecto muy desmoralizador sobre el resto de la economía del país. Así que Balbín aguantó un tiempo, soportando como mejor pudo los envites de la enquistada situación económica. Cuando ya no pudo más le dijo a su cuñado que tenía que prescindir de él, lamentándolo mucho, noticia que no fue bien acogida por éste, creándose un pequeño cisma familiar. El caso es que si Ernesto Balbín quiso que las aguas volvieran en parte a su cauce, no tuvo más remedio que darle una indemnización. Y como no tenía dinero para ello debió obtener un préstamo de un banco, ya con encomiable esfuerzo y después de mucho rogar y avalar, pues la entidad financiera, que conocía su precaria situación, se negaba a facilitarle dinero alguno.

Nuestro hombre resistió en solitario durante un tiempo, trabajando muchas horas, abaratando los portes, incluso tirando los precios. Pero llegó un momento en el que no pudo más. Cada día que trabajaba era una jornada de quebranto financiero. Es decir, perdía menos si estaba parado que si hacía los servicios con su empresa. Así que no tardó en tirar la toalla. Avisó a toda su ya reducida clientela de que en fecha próxima dejaría de prestarles los servicios profesionales y que cerraría el negocio, lo cual así hizo tras los trámites administrativos de rigor, debiendo malvender los dos vehículos para conseguir obtener dinero en efectivo con que hacer frente a parte de las deudas y que su familia pudiera seguir metiéndose algo en el estómago todos los días.

Tras un corto periodo de dolorosa reflexión buscó trabajo por todas partes sin conseguir poder ocuparse en ninguna actividad o sector. Ya estaba harto de soportar tediosas colas ante la oficina del desempleo, currículos, entrevistas, preselecciones y selecciones, quedándose siempre a medio camino, unas veces más cerca del ansiado empleo y otras más lejos, pero sin llegar a conseguirlo nunca. Así que pronto cayó de en la cuenta de que había errado en su estrategia de abandonar su antigua empresa en busca de horizontes más prometedores. Todo había sido una lamentable equivocación. Cierto era que la innovación y la mejora solo se producen con el cambio y a costa de cierto riesgo, pero esa no es una regla infalible y en ocasiones hasta las predicciones más venturosas pueden fallar, como había ocurrido en su caso.

Por lo tanto, tragándose el poco orgullo que le quedaba, acudió de nuevo a hablar con su antiguo jefe, que ya conocía su desastrosa experiencia en su pequeña aventura por cuenta propia y lo recibió en tono cordial y paternalista. Desde el otro lado de la mesa y fumando un puro cubano escuchó a Ernesto Balbín con el placer que produce para las personas aviesas el hecho de presenciar el espectáculo de que un ser humano pierda toda la dignidad ante uno, se humille hasta límites insospechados. Después, cuando el antiguo empleado hubo acabado, comenzó él con una letanía interminable de consejos, moralizaciones y predicaciones que pareció no tener fin y que terminó de minar el poco amor propio que a Balbín todavía le quedaba. Le vino a decir que en este mundo cada hombre tenía un sitio predeterminado y que debía resignarse a ocuparlo, pues si bien algunas veces esta regla se rompía, eran las menos y lo corriente venía a ser que el humilde retornase a su humildad y el poderoso continuase en su pedestal de poder. Porque siempre había ocurrido así a lo largo de los tiempos y siempre iba a seguir sucediendo, pues lo demás en la mayoría de los casos eran ilusiones. Pero que bien estaba que en ocasiones los hombres probaran a cambiar de 'estatus quo', pues no había mejor escuela que enseñara cual era el lugar que debía ocupar cada uno que la propia vida y el desarrollo de los acontecimientos. Aunque, después de que hubo satisfecho suficientemente su vanidad, le dijo a su ex empleado: 'Ande, tranquilícese y vuelva a esta su casa de la que nunca debiera haber marchado. Comience mañana si quiere...'.

Balbín antes supervisaba uno de los departamentos comerciales, cometido que se había ganado a pulso debido a que era una persona muy responsable y tenía buena capacidad analítica y logística, cualidades que no le habían salvado del fracaso en su aventura como empresario autónomo, aunque todo el mundo sabía que había sido debido al huracán económico que en poco tiempo y con tenues señales de alerta había asolado medio mundo. Y como su puesto lo había ocupado otra persona, volvió a llevar a cabo funciones similares a las que desarrollaba antes, aunque sin ningún tipo de mando ni dirección. No obstante, como sus conocimientos del mercado en el que se movía la empresa eran tan altos no tardó en advertir que ciertas decisiones mercantiles que se estaban adoptando resultaban perjudiciales para la compañía y en consecuencia tal vez hubiera sido conveniente seguir otras estrategias de mercado. Ernesto Balbín hacía estas puntualizaciones a partir de su gran experiencia en el sector y, al ser ciertas, fueron bien acogidas por la dirección --que tenía espías por doquier y se enteraba de todo-- y muy mal por el nuevo encargado, al que no le gustaba que se le hiciera ningún tipo de sugerencia, por muy acertada que fuera.

Así fue como Juan Roldán, el nuevo responsable de la sección que Balbín antes dirigía, comenzó a ver amenazado su puesto por éste, debido su gran valía y a la extraordinaria destreza que manifestaba, pues sus repetidos aciertos oscurecían continuamente el criterio de su superior. Y no era para menos, pues todas las tareas que Balbín llevaba a cabo tenían un resultado exitoso, casi por inercia, como si no le costase esfuerzo, mientras que a Roldán lograr peores resultados le suponía un gran sacrificio. De tal suerte que Roldán, lejos de colaborar con su compañero de trabajo y aprovechar sus ideas y sugerencias, comenzó a poner en práctica hacia éste una política de descrédito y vacío. Lo primero que hizo fue intentar evitar hablar con él siempre que le fuera posible para obviarlo. De ese modo Balbín entró en una dinámica de ostracismo que enseguida fue detectado por los demás compañeros y compañeras, la mayoría de los cuales se pusieron de parte del responsable de la sección, pues estimaban más conveniente para sus intereses no dar demasiado pábulo a un individuo como Balbín que, por alguna razón, parecía que estaba empeñado en llevar la contraria y a buen seguro tarde o temprano caería en desgracia en la empresa.

Ese fue el comienzo de una serie de premeditadas y estudiadas acciones por parte de Roldán hacia el ahora subordinado suyo, ya que veía en peligro su puesto de trabajo y, por ende, el sustento de su familia en unos tiempos realmente difíciles, con lo cual Balbín pasó poco a poco de ser una persona valorada y respetada a convertirse en un individuo de dudosa competencia y carácter complicado. De esa forma dio comienzo una etapa negra para el buen hombre que, como las víctimas civiles de una guerra, nunca había buscado aquellos daños colaterales que le venían como regalados por el destino. Enseguida el encargado empezó a dejarlo en evidencia y a humillarlo delante de otras personas, por muy acertados que fueran sus planteamientos o acciones; a encomendarle tareas irrealizables en el periodo de tiempo que le asignaba para ellas, sobrecargándolo con mucho trabajo. Y, como no, a darle información equivocada sobre las labores a desempeñar y, después, cuando éstas le salían mal, a hacer al jefe de la empresa observaciones en el sentido de que se había vuelto incompetente tras su retorno; es decir, a infravalorar sistemáticamente su trabajo, en tanto que en otras ocasiones su faena era monitorizada exhaustivamente con objeto de encontrar el más mínimo defecto en ella y destacarlo como si de un gran desacierto se tratase, en tanto que otras veces se le condenaba al más absoluto aislamiento, con lo cual pasaban muchos días sin que nadie se interesara por sus resultados o por sus dificultades, casi como si no existiera. Roldán llegó hasta difundir por la empresa el falso rumor de que pertenecía a una secta.

Pasado un tiempo los efectos en Ernesto Balbín de esa conducta dañina por parte de su superior no se hicieron esperar: fue perdiendo la confianza en sí mismo y en sus capacidades profesionales, desarrollando un sentido de culpabilidad que hasta hizo preocuparse a su familia. Llegó a creer a ciencia cierta que, en efecto, cometía errores continuados en la compañía y que su contrato de trabajo temporal no volvería a ser renovado. Se volvió torpe, perdió la poca autoestima que le quedaba después de su fracaso como empresario por cuenta propia, entrando además en una fase de insomnio, ansiedad, estrés agudo, angustia, irritabilidad y fatiga. Además, aunque era un hombre sano, pronto comenzó a somatizar toda aquella situación y empezó a sufrir frecuentes dolores de cabeza, de estómago o bien musculares por diversas partes del cuerpo.

Así fue como entró en un círculo vicioso: denigrado por su jefe inmediato, ahora ya lo estaba siendo por los compañeros, que lo veían cada vez más como un individuo asocial que parecía no funcionar demasiado bien y no era el mismo de antes de su aventura empresarial como autónomo. Hasta él mismo llegó a creérselo y se volvió huraño con ellos, receloso, buscando casi siempre la soledad a la hora de llevarse un café al cuerpo o un pequeño refrigerio al estómago. De esa forma su propia desgracia se estaba volviendo contra sí mismo y le hacía cada vez más daño, hasta el punto de que su conducta no pasó inadvertida para la dirección de la empresa, tocada además en su línea de flotación por los continuos dardos del siniestro Roldán, que nada decía abiertamente pero que todo lo insinuaba. Por eso un día Balbín recibió el encargo de que subiese a hablar con el jefe de la empresa, el señor López. Así lo hizo enseguida, cabizbajo y con el gesto agriado por la depresión.

Propinó unos ligeros toques en la puerta y la entreabrió ligeramente. Enseguida percibió una fuerte oleada de humo de quién sabe cuántos puros habanos que fue como una puñalada para sus pulmones de corredor de maratón. Unos cigarros que el empresario se jactaba de traer directamente de una plantación de La Habana y de los que decía que 'era lo único bueno que había hecho Fidel Castro en Cuba'.

--Pase, hombre, pase, que nadie le va a comer...¿Qué tal se encuentra? –dijo el vejestorio algo regordete por la falta de ejercicio y el buen yantar, con la cara algo enrojecida por el whisky, mientras iba a su encuentro para darle una palmadita de fariseo en la espalda.

--Bien, señor López, creo que bien...

--Venga para acá, hombre, siéntese... –le echó una bocanada de humo en la cara que acabó de exacerbar su gesto. Lo veo a usted con mala cara. ¿Le ocurre algo?. Roldán me dice que se ha vuelto usted un poco...un poco, digamos despistado...

--Tengo que decirle que me esmero en mi trabajo como siempre y que creo que lo hago bien, pero...

--Bueno, hombre, bueno... –No lo dejó terminar--.Nunca debió marcharse de nuestra empresa. Las aventuras son para los jovencitos y muchas veces hasta les salen mal. Ya sabe que le hemos acogido aquí de nuevo como a un hijo y debería estar contento por ello. Y en cambio le veo disgustado y me dicen que no pone interés a veces...

--¡Eso no es cierto, señor López!. Yo trabajo igual que antes o mejor, pero parece que todo se vuelve en mi contra...

--Trabaje en equipo Balbín –sentenció el viejo carcamal, que de sobra sabía la realidad de los hechos, pero quería humillar a aquel desgraciado que un día buscó el éxito sin saber que ese privilegio se reserva a cierta clase de hombres de raigambre, no a un pobre desdichado que lo único que tiene son sueños.

--¡Pero si no me dejan...! --protestó.

--¿Quién no le deja?. ¿Ve como está usted un poco trastornado?. Van a tener razón los que me lo decían... Ande, ande --se levantó de la silla para acompañarlo hasta la puerta—intente colaborar con sus compañeros y con Roldán. Ya hablaremos otro día...

Cuando salió de aquel despacho y bajó la escalera hacia la planta de distribución sintió que el mundo se le venía encima. Se creyó estigmatizado, pero no sabía ciertamente lo que le ocurría. Quizás todos tuviesen razón y su comportamiento fuese anormal. ¿Estaría trastornado realmente?. Desde luego el fracaso en su pequeña empresa había sido traumático, pero le parecía imposible que le hubiera podido cambiar tanto el carácter en tan poco tiempo. Quizás estaba enfermo y no se daba cuenta, tal vez la experiencia frustrante de su quiebra y las deudas podían con su personalidad y no era capaz de percibir esa realidad abrumadora. Cuando entró en la nave de distribución se fue hacia su puesto de clasificación como un autómata, sin hablar con nadie, casi sin ver por donde caminaba, aunque todas las miradas se clavaron en él y lo descuartizaron sibilina y siniestramente, principalmente la de Roldán.

Llegó a su casa por la tarde y apenas habló con su mujer. Ésta le planteó una cuestión de la Universidad de uno de sus hijos y recibió por respuesta una contestación huraña y entrecortada. Enseguida salió de nuevo bajo el pretexto de dar un paseo y tomar un poco el aire. Cuando regresó a la hora de cenar desprendía un penetrante olor a alcohol. No era la primera vez que llegaba apestando a licor, pero Elvira siempre había hecho la vista gorda porque sabía lo mal que lo había pasado desde hacía un tiempo acá, aunque también le dolía que gastase en la tasca un dinero que necesitaban mucho. Durante la cena el diálogo se convirtió en un monólogo. Casi había que sacarle las palabras una a una, a él que había sido una persona llena de proyectos y que le gustaba hablar de ellos con su esposa. Cuando se acostaron Elvira intentó tener unos momentos de intimidad sexual con su marido. Desde hacía tres meses solo habían hecho el amor dos o tres veces y no era por la pasividad de ella ni porque ya no le apeteciera acostarse con él, sino que porque Balbín decía que no era capaz de conseguir el estado anímico y físico necesario para poseerla como lo hacía antes. A veces Elvira le preguntaba que por qué, si era por ella, porque ya no la deseaba y él decía que no, que nada de eso, que era que se le instalaban en el cerebro razonamientos extraños, derrotistas y macabros, tanto del actual trabajo como de su fracaso como emprendedor. Y que no lo podía evitar: que intentaba concentrarse y pensar en el sexo, en darle placer, pero que no lo lograba. Y que en vez de fantasías eróticas lo que tenía en la cabeza era elucubraciones aciagas, principalmente de su trabajo. También le aseguraba que en las escasas ocasiones en que habían logrado fundir sus cuerpos no le había sido posible alcanzar el clímax, porque comenzaban de pronto a invadirle esas visiones macabras y más de una vez había tenido que fingir la eyaculación, aunque ella se daba cuenta de todo porque además hacer el amor con su marido en esas circunstancias era como hacerlo con un cadáver. Después él encendía la radio y se pasaba media noche sin dormir, cambiando continuamente de emisora. Balbín incluso le llegó a decir a Elvira que no insistiera tanto con el asunto de las relaciones carnales, pues lo cierto era que se pasaba semanas enteras pensando en algunas de las humillaciones e injustificadas vejaciones de que era objeto en la empresa de distribución de correspondencia y que tales cavilaciones le disipaban por completo la pasión y el deseo. Eso era lo habitual desde hacía un tiempo...

   Entonces ella comenzó a comprender un poco lo que ocurría a su marido. Quiso profundizar en detalles para ayudarlo, pero él siempre intentaba evitar el tema y le respondía a menudo con lacónicos monosílabos. Así que no necesitaba convencerse más de que algo serio le sucedía y se propuso de una vez por todas averiguar lo que era. Después de pensar en ello varios días Elvira intentó persuadirlo para que accediera a reservar hora en la clínica de una psicóloga muy acreditada que tenía la consulta no lejos de su casa. Balbín al principio no reaccionó nada bien. '¿Crees que estoy loco?', le había espetado con brusquedad. '¿Y por qué una mujer?. ¿Es que voy a tener que contarle toda mi vida ahora a una desconocida?'. Pero ella le hizo ver que si algo le preocupaba quizás le vendría bien que alguna persona especializada le ayudase y que, llegados a ese extremo, tan útil le iba a ser una mujer como un hombre. Que ella lo había intentado, con todas sus fuerzas, con toda su alma, pero que ya no podía más y que aquella situación era ya insufrible...Y Balbín cedió enseguida cuando vio a su mujer destrozada en un mar de sollozos. Así que la abrazó y la consoló con delicadeza hasta que se hubo repuesto. Y, convencido de que él no iba a hablar mucho en la visita a la terapeuta y de que Elvira lo haría en su lugar, se hizo cargo de la situación y aceptó el reto sin demasiada esperanza. Además llegados al punto de tener que anunciar a alguien la continua flacidez del pene --y toda la historia de su acoso en la empresa-- pensó que también sería un mal trago desvelar esa intimidad ante un hombre.

   La psicóloga los recibió con cortesía. Era una mujer alta y rubia, de ojos azules y facciones amables. Vestía de forma desenfadada y sencilla: camisa blanca, pantalón gris con raya y zapato negro, aunque no de tacón. A Elvira le causó muy buena impresión, pues además se parecía a una de sus actrices favoritas: Nicole Kidman. A Ernesto Balbín, cabizbajo y huraño, le daba lo mismo. Tal vez lo único que le importaba era salir pronto de allí. Así que tuvo que ser su mujer la que rememoró toda la historia. Él solo fue capaz de puntualizar algunas frases con las que había sido reprendido y menospreciado en el trabajo, con palabras entrecortadas e incoherentes, porque en el fondo creía que aquello era todo no iba a ayudarle demasiado. Y cuando la terapeuta entró en el terreno de lo íntimo le costó mucho trabajo reconocer su incapacidad sexual, aunque ella fue muy cautelosa porque sabía por experiencia que ese tema era tabú para algunos hombres y que ahondar en esa herida significaba para ellos una auténtica tortura. Además ya había llegado a la conclusión de que ese no era el problema principal, sino que tan solo una consecuencia.

La psicóloga continuó escuchando a Elvira con atención y fue poco a poco haciendo preguntas, tomando notas e hilvanando el pasado. Aunque después de tres cuartos de hora de haber escudriñado en el interior de la pareja la hermosa y apacible mujer creyó que no necesitaba más argumentos —casi desde el principio había comprendido lo que pasaba— y, decidiendo poner fin a su evaluación, se dispuso a emitir su dictamen. 'Mire --dijo dirigiéndose a Balbín--, creo que está usted padeciendo acoso laboral'. Él abrió mucho los ojos y se quedó boquiabierto, mientras Elvira preguntaba intrigada: '¿Qué es eso?'. La terapeuta le dijo entonces con la misma dulzura de siempre: '¿Nunca han oído hablar del <mobbing>?'. Y acto seguido les explicó que Balbín era una víctima, que estaba siendo sometido a violencia psicológica sistematizada, asediado y estigmatizado. Ernesto Balbín solo atinó a decir que estaba de acuerdo con ella en que era una víctima de la vida, pues esta le había tratado muy mal y que no sabía por qué, teniendo en cuenta que él solo había intentado siempre ser honrado, trabajar y portarse como un buen padre de familia.

Después les explicó las sintomatologías de ese hostigamiento que muchos hombres y mujeres sufren y que unos acosadores —ya sean varones o hembras-- entienden como natural y otros minimizan o imputan a la propia persona que lo padece. El matrimonio escuchó atentamente a la especialista de rasgos cálidos y rostro sereno. Nunca habían oído tales palabras, pero cada vez que la psicóloga calificaba los hechos con una frase o una denominación, aquello era como si la autoestima de ambos cobrara vida, como si dentro de los dos se fuera encendiendo una luz cada vez con más fuerza. De esa forma vocablos de los que nunca habían oído hablar sonaban ahora en sus oídos como música celestial: hostigado, despreciado, atosigado, discriminado, ignorado, infravalorado, difamado, acorralado... Después la mujer imploró a Balbín que no se sintiera derrotado, pues su fracaso como empresario autónomo no se había debido sin duda a una mala estrategia suya --como él pensaba en parte--, sino que al momento económico tan nefasto por el que atravesaba el país, aunque en esos tiempos hasta casi los niños sabían algo de Economía y no resultaba difícil a nadie llegar a una conclusión similar. Que era un hombre cualificado, válido, capaz, creativo y que el proceso de acoso por el que estaba pasando era algo corriente --aunque no demasiado reivindicado por los damnificados-- y que solía ser premeditado, con el objeto de reducir y consumir emocional e intelectualmente a la víctima. Y que debía plantar cara ante el problema, pues el dejar pasar el tiempo con la ilusión de que éste lo remediase por inercia era un evidente error que conducía al polo opuesto, a su emponzoñamiento. Que, como decía un colega suyo, Iñaki Piñuel y Zabala, las actitudes de 'no querer ver el mal, no pensar mal, no criticar o no hacer daño a nadie' eran equivocadas, pues lo único que conseguían era 'facilitar el camino al acosador hacia nuevas agresiones y víctimas'.

Le dio toda una serie de consejos para hacer frente a la situación. Aquello revitalizó el espíritu de ambos. Salieron del despacho de la acogedora y solícita psicóloga como seres nuevos, como personas que inician en ese momento su vida, como cuando de recién casados hacían mil y un proyectos, con ilusión infinita y jovialidad contagiosa. La vida era bella a pesar de los pesares. O por lo menos no tan aciaga como ellos la percibían antes de entrar en la consulta de aquella analista. Cuando llegaron al domicilio Elvira le sugirió que saliera a correr un rato y que pensara nada más en la prueba de maratón que corría todos los años, pues ya se iba acercando la fecha en que debería iniciar la preparación. A los dos les vendría bien meditar un tiempo por separado, asimilar toda aquella increíble experiencia que habían tenido con la mujer de los cabellos que parecían de oro. Y a Balbín le reconfortaría el contacto con la Naturaleza después de tantas emociones, pues cuando regresaba de sus entrenamientos se hallaba siempre en mejor estado anímico que cuando partía. Y ella solo quería verlo feliz.

Salió de casa ya entrada la tarde, casi cuando la noche empezaba a anunciarse lánguidamente. Se perdió por una carretera poco transitada, como huyendo del pasado y buscando reencontrarse consigo mismo. Era un día apacible y calinoso del mes de septiembre en el norte de España, cuando el sol se iba escondiendo en el horizonte y dejaba paso a una brisa suave que acariciaba tenuemente el rostro. Balbín se fijó en el verdor que le rodeaba -- todavía visible y reverberante a los últimos rayos del sol en algunas partes de los confines que el atinaba a divisar--, en los bosques de castaños que de cuando en cuando le franqueaban el camino, en la apacible quietud del entorno, solo rota en ocasiones por el deambular de algunas gentes y el ladrido de algunos perros que anunciaban su paso al lado de las casas que se iba encontrando a lo largo de su recorrido. Cuando el sudor comenzó a brotar de sus sienes con cierta intensidad empezó también a recordar las recomendaciones que le había dado la terapeuta de rostro sereno y mirada tierna, asegurándole que si seguía esas premisas su vida sería distinta. Le había facilitado una extensa casuística de actos de acoso laboral, con la esperanza de que le sirvieran para identificar los hechos en cada momento y otra no menos profusa de cómo afrontar cada uno de esos momentos de denigración moral. Ahora no los recordaba todos, pero sí los principales, quizás los que más le habían impactado, los que más habían penetrado en el fondo de su atormentado ser.

Pero algo le había dejado muy claro la expresiva psicóloga: ante todo debería intentar ser siempre él mismo y evitar sentirse culpable por unas situaciones que no propiciaba, pues, todo lo contrario, era la víctima. También tendría que luchar por perder ese sentimiento de estigmatización que le perseguía, levantar la cabeza y recobrar la dignidad, comenzando a evitar el aislamiento social. Lo peor que le podía pasar era caer en la inhibición: debería enfrentarse al 'mobbing' de forma asertiva y sin ira, pecado capital que es el aliado de los acosadores. También habría de documentar los asedios y atosigamientos que sufría y tomar nota de ellos --ese sería un gran refuerzo moral--, pues el simple hecho de registrar la agresión --con miras a un futuro conocimiento de la misma-- vendría a suponer un gran apoyo psicológico para un perjudicado como él, pues perdería ese sentimiento de impunidad que acompaña a cada situación de este tipo. Se trataría de anotar las acciones mediante las cuales quiénes están en situación de impunidad y prepotencia lanzan su acción arbitraria contra el sujeto pasivo, que sufre en silencio la degradación --tal vez una tras otra-- sin la menor esperanza de que nunca sea conocida. Recordaba que la terapeuta le había dicho además que nunca lograría cambiar al acosador o acosadora --cobarde en el fondo--, pero que sí debería rechazar su inculpación injustificada y revelarse contra ella de forma ordenada y pacífica.

La turbadora noche del septiembre continental se le vino encima casi sin darse cuenta, tan absorto se hallaba en sus pensamientos. Llevaba recorridos siete kilómetros y debía deshacer el camino andado para regresar a su casa a tiempo para cenar. Podría estar corriendo mucho más tiempo, porque estaba entrenado para ello y además era la primera vez desde hacía varios meses que no sentía ese vacío interior que le impedía trotar con fluidez. Todo lo contrario: estaba pletórico y sus aún ágiles piernas no demostraban el menor signo de cansancio. Pero la carretera se oscurecía cada vez más y podía ser peligroso correr por ella sin luz o alguna ropa reflectante que avisara a los automovilistas despistados y que abusan de la velocidad por esos caminos secundarios. Además tenía ganas de hablar con Elvira, de sentir una vez más su comprensión y de observar de nuevo en sus ojos esa chispa de ilusión que le había vuelto a aparecer en los mismos en la consulta de la mujer que ella decía que se parecía a Nicole Kidman. Así que, mientras retornaba sobre sus pasos, comenzó a ordenar todo el rompecabezas en su mente. Había tocado fondo y eso significaba que ya no podría empeorar más su situación. Pero ahora parecía ser un hombre nuevo y nunca había tenido las cosas tan claras. Por lo tanto volvería a su casa, abrazaría a su esposa y le diría: 'Voy a correr una nueva carrera de 42 kilómetros. Hoy he empezado a entrenarme para ella. Será la maratón de nuestro futuro, de nuestra vida, la más dura de todas, pero si me ayudas en la lucha esta vez sé que seremos los vencedores...'. Y ella lo estrecharía contra su pecho todavía terso como el de una jovencita y estallaría en sollozos.

X
LA IGNOMINIA

Conocí por casualidad a los padres de Erika Fanny realizando unos trámites administrativos en unas dependencias del Gobierno. Eran gente pobre y humilde, que pedían todo por favor, que casi suplicaban, al contrario de muchos españoles y españolas arrogantes que te decían que tú estabas allí para realizar la función de una marioneta suya, porque ellos te pagaban tu sueldo y que querían salirse con la suya siempre, aún cumpliendo pocos o algunos de los requisitos oficiales exigidos. Muy al contrario Mario y Leticia eran gente que rogaba, que casi imploraba, sin que pudieran evitar de vez en cuando advertir algún gesto de rechazo, alguna mirada de desprecio por parte de los miembros de la superior cultura dominante.

Habían venido a España cuando la niña tenía solo dos años y ahora más que vivir malvivían, trabajando muchas horas, él en una enorme explotación agrícola --de la que se le había responsabilizado día y noche-- y ella cuidando también a un viejecita casi todo el día. Así que apenas podían verse: solo unas horas por la tarde, que era cuando un familiar de la anciana se hacía cargo de ella por un tiempo y él podía dejar las reses tumbadas y rumiando. Vivían en una casa ruinosa que el titular de la explotación ganadera les había cedido por una renta muy módica, porque lo cierto es que estaba en tan mal estado que hasta las ratas hacían agujeros en la madera desde el falso techo de la planta inferior, carcomiendo las tablas del piso que habitaban con furia, para intentar penetrar en su vivienda. Cuando Mario veía que el roedor asomaba por un nuevo orificio clavaba en el mismo una chapa o un latón para tapar el camino al asqueroso bicho. Pero esas representantes de tan inmunda especie –que son originarias de China y de la Europa del este-- lo intentaban por otra parte y enseguida volvía a sentirse en la casa día y noche aquel ruido odioso y mecánico que hacían con sus dientes en la madera. En repetidas ocasiones le habían dicho al propietario de la ganadería que así no podían vivir, que debería exterminar aquellos animales repulsivos y sanear el edificio. El propietario les daba muy buenas palabras pero no hacía nada, al menos por el momento. Y ahora tenían miedo por su pequeña...

Llegaron a la costa cantábrica en busca de una nueva vida, con renovadas ilusiones, que se vieron truncadas enseguida por el rechazo social y la gran depresión que hacía que los españoles ocuparan los trabajos que antes dejaban para ellos. De todas formas estaban contentos por poder obtener un dinero y conseguir enviar una parte a su país para lograr pagar las medicinas de su otro hijo de 10 años, enfermo de cáncer. Su gran aspiración era tenerlo con ellos, pero todavía no habían reunido el dinero suficiente para poder trasladarlo y además no estaba aún bien recuperado para un viaje de ese tipo. Una vez Leticia se lo comentó a una vecina nativa del pueblo donde vivían y ésta no tuvo escrúpulos en decirle que la Seguridad Social española no podía hacerse cargo de todos los casos de niños enfermos del mundo. A Leticia se le abrió el corazón, porque se dio cuenta de lo duro que era ser emigrante en un país extraño. Aunque fuera en el estado al que ella llamaba Madre Patria y que los había explotado y dominado tiempo atrás, destruyendo parte de su cultura, de sus tradiciones, llevándoles enfermedades desconocidas y diezmándolos. En cualquier caso pensó que había que tener muy mala sangre para decir eso a una madre que tenía un hijo en esas condiciones.

El hombre y la mujer recordaban a menudo en qué situación se hallaría su pequeño, cuánto estaría padeciendo, si estaría anhelando su cariño --a pesar de estar bien cuidado por su abuela--, cuánto los echaría de menos y si estallaría en sollozos al recordarlos. Porque al fin y al cabo una madre es una madre y no hay nada en el mundo que pueda suplir su calor. Así que el matrimonio, cansado de trabajar y luchar el día a día, apenas si mantenían relaciones sexuales, porque cuando se reencontraban sus cuerpos éstos ya no se lo pedían, tan exhaustos y abatidos se hallaban. Y cuando esporádicamente fundían el uno con el otro, más para combatir el frío que por otra cosa, podían sentir el incansable ruido de las mordeduras de las ratas en la madera, intentando lograr horadar el piso. Aún así en ocasiones Mario la penetraba dulcemente y ella se abandonaba al éxtasis por unos momentos, como queriendo borrar con aquel suspiro de placer todo el dolor que la afligía. Pero la mayoría de las ocasiones no ocurría eso y él tenía que simplemente estrecharla contra sí y consolarla cuando la sentía gemir y sollozar de desencanto.

Erika Fanny no sabía que su hermano estaba tan enfermo y preguntaba a menudo cuándo estaría con ella. Sus padres le decían con buena cara y el corazón amargado que pronto, que en cuanto reunieran algún dinero para el viaje se vendría para España. Que un buen día, sin que se diese cuenta, aparecería junto a ella y que ya no se separarían más. Entonces la niña preguntaba si la abuela se iba a quedar sola en el pueblo centroamericano donde residían. Y le decían que ella no podría venir, porque alguien tendría que quedarse a cuidar la casa. Y la pequeña entonces quería saber si ya no volvería a ver más a su querida abuela. Pero Mario y Leticia ya estaban acostumbrados a que el corazón se les encogiese cada poco y respondían a la pequeña con serenidad que la verían cada año, cuando fuesen de vacaciones, una mentira tan enorme como tan piadosa.

A esa edad las niñas se obsesionan con el color rosa, las princesas y las hadas, pero Erika Fanny solo tenía desde hacía algún tiempo una muñeca oscura de trapo, Roberta, con la que siempre dormía y de la que nunca se separaba.

Había aprendido desde muy temprana edad que su mundo era distinto al que veía en los anuncios de juguetes de la televisión, que su vida no se parecía en nada a la de los niños felices cuyos juegos observaba embelesada en la pequeña pantalla, pues ella pasaba la mayoría del tiempo al lado de su madre, mientras ésta trabajaba sin cesar limpiando y cuidando a la anciana, así como realizando todas las tareas domésticas. Por eso Erika Fanny se había vuelto tan tímida, taciturna y retraída que, al no tener amigas, se creaba su propio universo de ensueño entablando diálogos con Roberta e imaginando un mundo propio entre ambas. Leticia preguntaba y Roberta contestaba. Y al revés. Hasta el punto de que se habían vuelto amigas inseparables y perfectas confidentes.

Por fin llegó el día de que la niña tuvo que ir por primera vez al colegio. Estaba asustada, pero a la vez ansiosa por conocer nuevos amigos que compartieran su mundo y el de Roberta. Pero sus padres se encontraban aterrorizados, porque sabían lo que le esperaba: la segregación que ellos mismos padecían un día tras otro. Por eso le advirtieron que no se ilusionara demasiado con la escuela y que pensara que a lo mejor no era como ella la había idealizado. Que suponía, lejos de ser un placer, un cierto grado de esfuerzo, atención y dedicación a unas tareas. Pero que debía esforzarse todo lo que pudiese en lograr los mayores conocimientos que le fueran posibles, porque ellos querían que fuese médica, para que pudiese regresar a su país y curar a los niños enfermos que no tenían dinero para doctores ni medicinas.

Cuando le hablaban así a una niña tan pequeña el alma se les agrietaba y las lágrimas aparecían en los ojos de Leticia, que se volvían vidriosos, extraviados e inexpresivos, recordando a su pequeño Raúl y cómo sin saber por qué un buen día unas células malignas se habían ensañado con él. No creían que Erika Fanny llegase a asimilar el contenido de aquellas premoniciones, pero daba lo mismo, porque ellos tenían que sacar esas palabras del interior de su alma, porque era lo que les iba a permitir seguir adelante y luchar su vida y la de sus pequeños sin cuartel. Así que le repitieron que fuera muy aplicada y buena con sus compañeros y compañeras y que todo iría bien. Pero no hubo forma ni humana ni divina de que consiguieran convencerla para que dejara a Roberta en casa. De esa forma la muñeca de trapo también iba a experimentar su primer día de clase y tendría ocasión asimismo de sentir en su cuerpo inerte la acogida de la cultura dominante.

Las cosas en la escuela no fueron ni bien ni mal para la niña. Simplemente sucedieron. Quizás siguiendo el guión predeterminado por el destino, tal vez espontáneamente, pero siempre dentro de lo previsible. Una vez que estuvo en el interior del aula y empezó la clase fue presentada por la profesora a los demás niños y niñas. Era distinta ellos y eso les llamaba la atención. Vestida muy humilde, aunque decorosamente, la pequeña apretaba fuertemente a Roberta contra su pecho, porque en aquellos momentos era su única amiga, su protectora y la 'persona' en quien solo podía confiar. Cuando la maestra les dijo a los párvulos la nacionalidad de Erika Fanny y que era una compañera más a la que esperaba que trataran con respeto y cariño se hizo un silencio generalizado, al que siguió un murmullo, algunas risas y ciertas frases incoherentes. Una de las alumnas preguntó que si era de tan lejos porqué no estaba en su país. Otro quiso saber si era porque los indios no tenían escuelas, ya que según él vivían en chozas o en cuevas. Hubo otra que pidió que se le explicara por qué tenía nombre tan raro y que si lo había copiado de algún cómic. Hasta que la docente acalló toda aquella ola de inconsistencias que se había desatado en el aula y mandó a Erika Fanny que se levantara, dijera su nombre y apellidos a todos y todas y les diera las gracias por la buena acogida. Pero la niña se abrazó a su amiga Roberta y no pudo ni levantarse del sitio ni articular palabra, lo que desató otra gran vorágine de alegaciones, algunas ahora subidas de tono. Así pasó la mañana y cuando la madre fue corriendo a recogerla a la puerta del centro docente la encontró más taciturna que nunca y con la mirada perdida en el infinito. Le preguntó qué tal había ido todo, pero la niña no pronunció ni una sola palabra, lo cual no sorprendió en absoluta a Leticia, que contaba con ello, pues sabía que formaba parte del guión.

Al día siguiente la niña fue a regañadientes a la escuela. La madre casi tuvo que empujarla para que atravesara la verja, a la que se había cogido con una mano de la que no quería desprenderse, como si en ello le fuera la vida. Leticia le fue apartando sus deditos uno a uno del hierro y casi tuvo que acercarla a rastras hasta la puerta, donde el conserje, un buen hombre cincuentón, que atinaba a pasar por allí en esos momentos se hizo cargo de ella y la introdujo en el aula. La mujer emprendió un veloz retorno hacia su absorbente trabajo mientras se preguntaba por qué la vida tenía que ser tan dura con algunas personas. Qué pecado había cometido para tener que expiar su culpa con tantas penurias. Quizás el de ser pobre, pensó.

Ya dentro del aula Erika Fanny tuvo que enfrentarse a las mismas burlas del día anterior. Ella quería ser buena con todo el mundo, como le había aconsejado la maestra, pero en ninguno de sus compañeros y compañeras había visto todavía un rasgo de generosidad, un atisbo de comprensión. Cuando llegó la hora del recreo fue a su mochila y sacó de ella a Roberta, la apretó con fuerza contra su pecho y se fue a una esquina del patio. Se sentó en una piedra y comenzó a hablar con la muñeca como lo había hecho siempre. Llegaron dos niños un poco mayores y se empezaron a reír de lo que estaba haciendo. Le preguntaron si estaba loca, porque ellos habían visto a una mujer en la televisión que hablaba sola y dos enfermeros la habían cogido por los brazos y se la habían llevado a una habitación, donde la encerraron, porque hacía lo mismo que ella. Así que esa niña debía ser también una demente como la de la película. Erika Fanny les dijo que estaba preguntándole a Roberta si se había encontrado muy sola durante el tiempo que había estado encerrada en la mochila. Y los dos niños comenzaron a reírse a carcajada limpia de ella, insultándola y preguntándole si en su país todos hablaban con un trozo de trapo. La pequeña les dijo que no era un trozo de tela rellena, sino que una persona como ella. '¡Estás como una cabra...—sentenció uno de ellos--.Cuando se lo cuente a mi padre no se lo va a creer!. Trae acá --le arrebató a Roberta— y yo te enseñaré qué clase de 'persona' es esta. Ya verás lo que le hago y te apuesto lo que quieras a que no llora ni abre la boca'. Y acto seguido le arrancó los dos brazos y los tiró al suelo, devolviéndole a Roberta completamente mutilada. La niña recogió lo dos miembros de trapo, apretó el juguete contra su cuerpo, se fue corriendo al interior de la clase y se puso a llorar en su pupitre. Pero la profesora fue enseguida a consolarla y, limpiándole las lágrimas con un pañuelo, le dijo que ella se la cosería, con lo cual la chiquilla se tranquilizó.

Cuando más tarde entraron todos de nuevo en el aula, la educadora pidió a Erika Fanny que le señalase cuál de ellos había sido el autor de tal felonía. La pequeña, aunque remisa, no tuvo dificultad en identificar al bárbaro, que recibió una severa reprobación en público y fue advertido de que su padre recibiría una carta en breve con la descripción de su nefasto comportamiento. Sin embargo se quedó estupefacta cuando el pequeño energúmeno le manifestó con arrogancia que la abrumada inmigrante estaba mal de la cabeza, pues estaba hablando con una muñeca y que no le importaba que enviase la queja a su padre, puesto que muchas veces éste le había dicho que la mayoría de estos extranjeros eran escoria, una basura y que había que devolverlos a su país, porque estaban acabando con España, pues tenían el médico gratis, nos quitaban el trabajo, ocupaban los parques y los espacios públicos y no sé cuántas cosas más...'¡Calla y siéntate!', le ordenó la profesora, asqueada de su nauseabunda perorata. Erika Fanny no entendió bien todo aquello, pero se dio cuenta de que no la querían.

El padre de la pequeña inmigrante fue a recogerla a la puerta del colegio y la condujo hasta la casa donde su madre trabajaba. La niña se sentó ante la televisión y no quiso hablar. Leticia le preguntó si la profesora le había puesto alguna tarea para hacer en su casa y ella negó con la cabeza. Mintió. Lo que pasaba era que no quería saber nada de aquel nuevo mundo al que la habían empujado, donde era objeto de burlas, hostilidades y desprecios. Así paso la tarde y llegada la hora de la cena, su madre dispuso todo para comer con doña Leonor, la anciana a la que prestaba sus servicios, una mujer muy culta que había impartido filología en la Universidad y que era muy cariñosa con la familia de inmigrantes, a pesar de la gran cantidad de horas en que requería los servicios de la mujer, lo la dejaba sin vida propia. En más de una ocasión le había sugerido a su hijo que contratase a otra persona más --ya que se trataba de una familia pudiente-- para ayudar a Leticia, a lo cual él se negaba en rotundo, alegando que 'no estaban los tiempos para tirar el dinero'. Así que poco más podía hacer la buena de Leonor --inválida en una silla de ruedas-- que aceptar los designios de su vástago. A cambio les ofrecía todo el cariño que podía y de vez en cuando les daba algún dinero extra y ropa.

Consiguieron que Erika Fanny se sentara a la mesa, pero se negó a probar bocado, estallando en un llanto conmovedor, implorando a su madre que no la obligara a volver a aquel colegio odioso. La anciana seguía con curiosidad el desarrollo de los acontecimientos y, consternada por lo sucedido, decidió intervenir. 'Mira Erika Fanny –le dijo con ternura--: si empiezas a comer te contaré lo que le pasó a una niña negra en Estados Unidos hace muchos años'. La pequeña, que también percibía el afecto de doña Leonor, abrió los ojos, torció la cabeza y dejando de llorar dijo. <¡Yo no soy negra!>. 'Ya lo sé... –puntualizó la anciana--, aunque tampoco eres blanca: eso es lo de menos. Pero yo solo quiero contarte esa historia y después me dices que te ha parecido...'. Y doña Leonor buscó un recorte de periódico en el que había un escrito del profesor aragonés César Usán Supervía y que empezaba diciendo con letras grandes y negras: 'La niña que no tenía amigos en la escuela'. Y leyó despacio ese encabezamiento mirando fija pero cálidamente a la niña, con aquellos ojos todavía vivarachos de anciana que ausculta el mundo sin esperar nada ya de la vida. Después guardó un largo silencio y cuando madre e hija se sintieron lo suficientemente intrigadas comenzó a leer el recorte de periódico, como si de un cuento se tratase, advirtiéndoles de que al final les explicaría todo aquello que no entendiesen:

'Hace algo más de 50 años, en noviembre de 1960, una pequeña niña de seis años asistía a su primer día de clases en la escuela primaria William Frantz, en el estado de Louisiana, Estados Unidos. Se trataba de Ruby Bridges, que tuvo que ser escoltada por alguaciles federales porque el colegio hasta entonces era exclusivamente para blancos y Ruby era negra, en lo profundo del Sur estadounidense. Aunque la Corte Suprema de Justicia de EE.UU. había declarado la segregación ilegal desde 1954, todavía había una fuerte oposición por parte de los gobiernos y ciertas comunidades en los estados sureños. Ruby asistió a clases durante todo un año en soledad, porque los padres de los otros niños no querían que estuvieran cerca de ella debido al color de su piel. Cinco décadas más tarde Ruby Bridges habló con la BBC sobre su experiencia personal y el vital papel que jugó en romper las barreras raciales en Estados Unidos: <Recuerdo que ese día todo el mundo parecía estar muy emocionado. Los vecinos vinieron a la casa en la mañana para ayudarme a vestirme para la escuela. Alguien golpeó a la puerta y cuando mis padres abrieron pude ver unos hombres blancos muy altos en traje, con bandas amarillas en los brazos. 'Somos policías federales. Nos ha enviado el presidente de Estados Unidos'. Estaban

ahí para escoltarme a la escuela. Entré al auto con ellos. No sentí miedo. Llegamos al colegio y había cantidades de personas frente a nosotros y agentes de policía a caballo y en motocicletas. Todo parecía como un gran evento. Viviendo en Nueva Orleans, pensé que se trataba de las fiestas de 'Mardi Gras' (Carnaval). Jamás imaginé que todo eso era por mí. Los policías federales me tomaron y me metieron rápidamente en el edificio hasta la oficina del director. Vi como la gente de afuera se acercó rápidamente y me miraba por la ventana, gritando. Los padres fueron a todas las aulas para sacar a sus hijos. Se los llevaron a casa y nunca los dejaron regresar. Siempre hubo gritos y más gritos. Unos aparecían sosteniendo una pequeña caja, que era un ataúd de bebé en el cual habían colocado una muñeca negra. Cuando regresé el segundo día la escuela estaba vacía. El director me esperaba en el descanso de la escalera y me indicó dónde quedaba mi clase. Cuando entré vi una mujer que dijo: 'Hola, soy tu maestra, mi nombre es Señora Henry'. Lo primero que pensé fue, '¡Es blanca!', ya que nunca había tenido una profesora de ese color y no sabía qué esperar. Resultó ser la mejor maestra que jamás tuve y amé la escuela por ella. Era una mujer que había llegado desde Boston para enseñarme, porque los profesores de la ciudad rehusaban darle clase a niños negros. Fue como una segunda madre para mí y nos convertimos en las mejores amigas. No falté un solo día ese año. Afuera la gente gritaba diciendo '¡la vamos a ahorcar, la vamos a envenenar...!'. Recuerdo sentir mucho miedo esos días. Pero estaba confusa, no entendía por qué lo hacían. Mis padres también sintieron la presión. Mi papá fue despedido de su trabajo en una estación de gasolina cuando los clientes se empezaron a quejar y su jefe se enteró que era su hija la que asistía a la escuela. Meses más tarde caí en cuenta de lo que pasaba cuando me topé con otro niño en la escuela que me dijo: 'Mi mamá me dijo que no puedo jugar contigo porque eres una negra'. Con eso entendí todo. Era por el color de mi piel. Me sentía muy sola. Creo que eso fue lo peor, tener seis años y ningún amigo. Muchas veces me preguntaba: '¿por qué yo?'. Pero a medida que crecí me empecé a dar cuenta del significado de '¿por qué no yo?'. Ahora me siento feliz de lo que sucedió. Me siento orgullosa de que mis padres aceptaron que fuera a esa escuela. Muchos afroamericanos de ese entonces pensaban que si realmente querían ver cambios tendrían que tomar el toro por las astas ellos mismos y eso fue lo que hicieron. Pero siempre le digo a la gente que hay mucho más camino por recorrer. Creo que uno se debe preguntar: '¿qué he hecho yo?'. Porque eso es lo que se va a necesitar, que cada uno aporte su contribución...>'.

Se hizo un largo silencio, que la niña rompió con una pregunta inesperada. 'Mamá, ¿qué son policías federales?'. Ambas mujeres se cruzaron unas miradas de complicidad, mientras Erika Fanny salía corriendo hacia el rincón donde estaba Roberta, la asía contra su cuerpo y daba inicio a su ritual de preguntas y respuestas con la muñeca, abstraída del mundo que le rodeaba y encerrada en su inescrutable caparazón. 'Señora Leticia —le dijo doña Leonor a la madre--, creo que no debí de leerle tal cual el recorte del periódico a la niña. Debía explicárselo como si se tratara de un cuento. Tenga, guárdese este papel y tiene que prometerme que volverá usted a contarle este relato de forma sencilla. Quizás entienda mejor las palabras de una madre. A fin de cuentas yo soy una pobre vieja y es lógico que la pequeña no me preste mucha atención. Pero a usted sí le hará caso, porque es su madre. Cuéntele de nuevo este pequeño relato de una forma que le sirva para superar su mala experiencia en la escuela, la cual además mucho me temo que no será la última...'. Los ojos de la anciana se entornaron lánguidamente hacia un lado dejando entrever en el delgado filo de vida que les quedaba un brillo gélido de decepción y desengaño, mientras Leticia asentía con la cabeza sin saber muy bien como iba a relatar aquella historia tan dramática de forma que llegara al corazón de la niña sin destrozarlo en pedazos.

Erika Fanny volvió a la escuela como si la llevasen a una prisión. Algunas niñas y niños la aceptaron en su círculo de amigos, pero la mayoría la evitaban y continuaban burlándose de ella siempre que podían. Cuando tenía clase de gimnasia nadie quería ser su pareja de juego. Y lo mismo ocurría en los recreos, donde la pequeña era repudiada en la mayoría de las actividades que se llevaban a cabo en el patio. De esa forma la niña pasaba todo el tiempo sentada en un banco de piedra, estrechando contra el pecho a su muñeca Roberta y hablando en ocasiones con ella, comportamiento que no pasó inadvertido para la turba parvularia. Bastó con que un niño gritase un día al resto del patio que estaba conversando con una muñeca, para que una multitud de mequetrefes se reuniera en torno a ella y coreas al unísono: '¡Habla con una muñeca: está loca, está loca...!'. Y Erika Fanny tuvo que salir corriendo a refugiarse en el aula.

Por lo tanto, como ya tampoco ni tan siquiera podía pasar inadvertida mientras los demás niños y niñas jugaban y reían, optó por ponerse a correr en el patio dando vueltas sin parar. Más que nada esa ocurrencia fue el fruto de la desesperación, pues ya no sabía qué hacer ni donde colocarse para librarse de la saña de sus congéneres. Y como todo el mundo comenzó a ver que corría y corría sin parar un día tras otro, algunos despiadados también la perseguían y se ensañaban con ella, diciéndole improperios y haciendo burla de su color y su país, con lo que la pequeña --más para despegarse de ellos que para otra cosa-- corría cada vez más y más. Hasta que poco a poco esa fiebre enfermiza de perseguirla por el patio fue decayendo por la propia inercia de las cosas, dado que aquellos mozalbetes también se cansaron de acuciarla sin obtener respuesta alguna de ella ni ninguna modificación de su comportamiento. Además eso de correr continuamente resultaba muy cansado. He ahí como, sin quererlo, la angustiada inmigrante se convirtió en una corredora habitual de todas las mañanas, logrando cada vez trotar con más soltura, aplomo y ritmo en todas las vueltas que daba al patio en media hora, que debían ser muchas. Y todos notaron como, a medida que corría, aquel rictus de tormento y aflicción que otrora aparecía en su rostro se fue tornando en un gesto de complacencia, serenidad y de paz consigo misma. Hasta el punto de que estaba deseando que llegara la hora de salir al recreo para poder correr y sentir esa felicidad y plenitud que nunca antes había experimentado.

Con el paso del tiempo el comportamiento de Erika Fanny no pasó inadvertido para nadie. Los profesores, un poco turbados por lo insólito de la situación, trataron de convencerla para que no siguiera corriendo, pero ni sus mandatos primero ni sus ruegos o súplicas después lograron que la niña desistiera de dar vueltas y vueltas durante el descanso entre las clases, pues si primero lo hacía para huir de la soledad y de los oprobios, ahora corría por mero placer, como si el hacerlo ya formara parte de su vida. Así que muchos eran los padres y madres de los colegiales que desde la verja que circundaba el amplio patio observaban diariamente las evoluciones de la diminuta corredora y la noticia de su extraordinaria práctica atlética se extendió como un reguero de pólvora. Había quienes elogiaban con encomio su esfuerzo y dedicación y también estaban los que aprovechaban la ocasión para hurgar en la herida abierta de la inmigración, denostando el proceder de la diminuta atleta y tratando de verlo como una de las tantas depravaciones que traían a España los extranjeros.

No lejos de allí vivía un matrimonio de unos cincuenta años que no tenía hijos: Lucio y Palmira. Él había sido un acreditado corredor de maratón en sus tiempos jóvenes, cuando se corría a pleno pulmón, con escasos medios, calzado deficiente y pocos conocimientos de nutrición, pues funcionaba más el boca a boca de las pócimas milagrosas que el método científico aplicado a la fisiología, arte que por aquel entonces solo dominaban bien los atletas escandinavos. Lucio ahora entrenaba a un numeroso grupo de niños y niñas y a algunos atletas mayores en una agrupación deportiva de dependía del Ayuntamiento.

Cuando llegó a sus oídos la historia de la pequeña fondista inmigrante, quiso ver con sus propios ojos que era cierto lo que le habían contado y acudió presto a la verja del colegio a la hora del recreo. Y allí encontró a Erika Fanny en su ritual de felicidad, cubriendo varios kilómetros sin cansarse a pesar de lo pequeña que era y sin que su rostro se agrietase lo más mínimo. Prendado por semejante actitud de rebeldía y ascetismo, quiso saber quiénes eran sus padres, pues tenía la firme intención de hacerles una propuesta.

Fue así como se encontró con Leticia a la hora en que, azorada como siempre, acudió a recoger a la niña a la puerta del centro, para salir corriendo, casi tirando de ella, no fuera ser que a la anciana doña Leonor —que cada vez estaba peor-- le ocurriese algo en su ausencia. Lucio se presentó cortésmente ante la ofuscada mujer, a la que tuvo que seguir mientras le hablaba. Le explicó quién era y a qué se dedicaba y le pidió permiso para llevarse a Erika Fanny todas las tardes un rato a su escuela de atletismo. Pero la mujer, maltratada por la vida, atormentada por el dolor de un hijo enfermo alejado de su corazón de madre y las circunstancias adversas, harta de mentiras y falsas promesas, no le hizo demasiado caso, pues además se sentía humillada por tener una hija que de ser una persona solitaria que hablaba con las muñecas había pasado de repente a convertirse en la hadmerreír de todo el mundo, debido a un comportamiento que ella juzgaba cuando menos extraño, pues poco entendía de ejercicio físico aquella mujer que en toda su vida no había visto más que miseria, degradación en ocasiones y muchas horas de trabajo. Así que lo dejó con la palabra en la boca y se perdió a lo lejos en la calle...

Pero Lucio no se dio por vencido y la siguió discretamente hasta su lugar de trabajo, no muy lejos de allí, aunque no entró en la vivienda. Y después regresó a su casa con la sensación de no haber perdido el tiempo. Ya en su domicilio, convenció a Palmira para que lo acompañase hasta donde trabajaba Leticia, suponiendo que al ver a una pareja un tanto madura y vestida decorosamente la inmigrante se volviera menos desconfiada que en su anterior y fallido intento. Llamaron a la puerta de la casa de doña Leonor y salió Leticia a abrir. Se presentaron educadamente, explicando el objeto de su visita y aún así la mujer pareció sentirse todavía incómoda. 'Queremos hablar con usted. ¿Podemos pasar?'. Ella les interrogó suspicazmente: '¿Son de la policía?. No hemos hecho nada y estamos en regla'. Lucio esbozó una sonrisa generosa y la mujer pudo ver en sus ojos un destello de bondad: 'No se trata de eso: deseo proponerle algo que puede ser bueno para su hija'. Ella apartó entonces el pie de la puerta y dijo: 'Tengo que preguntárselo a la señora'. Pero doña Leonor, que se había acercado moviendo pesadamente su silla de ruedas hasta las inmediaciones de la entrada, casi no la dejó terminar: '¡Que pasen, hija, que pasen...En esta casa somos gente hospitalaria...!'.

La propuesta de Lucio consistía en poder llevarse a Erika Fanny todas las tardes para entrenarla en su escuela de atletismo y que encontrara entre sus discípulos un verdadero grupo de amigos y amigas, de lo cual carecía en el colegio. Leticia dudó al principio y en todo caso dijo que debería consultarlo con su marido, pero la idea no le pareció mala, ya que además el matrimonio se comprometió a recogerla todos los días a la salida del centro donde estudiaba y llevarla después a su casa. Doña Leonor que era una mujer de mundo y además muy astuta enseguida vio en la propuesta una inmejorable ocasión para que la pequeña encauzase su futuro y animó a la madre a que diera su consentimiento. Y así fue como Erika Fanny entró en un nuevo mundo simplemente por un golpe de suerte: porque la pelota rozó la red y cayó en el campo contrario en vez de en el suyo. Y también porque en ocasiones los grandes males dan lugar a grandes remedios. Se sintió acosada y humillada y por eso empezó a correr en solitario, para inhibirse del mundo, puesto que ni siquiera le permitían estar sentada hablando con su muñeca. Tuvo que realizar un acto tan espontáneo – aunque sólo quería que la dejasen en paz y pensó que si corría alguna vez se cansarían de perseguirla-- como heroico para que el mundo no le diese la espalda.

Lucio y Palmira poco a poco le tomaron mucho cariño, hasta el punto de que llegaron a ser para ella como unos segundos padres. Pasaba ya mucho tiempo al día con ambos y sobre todo los fines de semana, estudiando, alimentándose bien y entrenando. Llegó a ser una buena corredora de maratón y se convirtió en médica. Para aquél entonces sus dos protectores ya eran unos ancianos y para ellos venía a ser la hija que nunca habían tenido. Erika Fanny también los quería mucho. Doña Leonor ya había fallecido y Leticia trabajaba ahora en el mismo hotel en el que su marido había conseguido otro trabajo, ambos con una jornada laboral estable, lo que les permitía llevar una vida en pareja como las de cualquier matrimonio normal y corriente. Ahora eran ya una familia feliz, porque además su hijo había mejorado mucho del cáncer que padecía y llevaba una vida muy normal en su país de Centroamérica. Tanto sacrificio y tanta ignominia habían valido la pena, aunque ellos sabían que nunca podrían librarse del estigma que siempre lleva el emigrante en el país que lo acoge.

Pero un buen día la ya doctora Erika Fanny Ramírez reveló a sus padres y a sus protectores Lucio y Palmira el sueño que guardaba en secreto como un tesoro, porque sabía que era un ideal hermoso, pero que a la vez iba a hacer daño a quienes la querían. Todos deseaban verla ejerciendo la medicina en España, para culminar las aspiraciones de toda una vida. Haber llegado de la nada a lo más alto. Pasar de ser vilipendiada por las gentes de una nación a ayudar a esas mismas personas a preservar uno de sus bienes más preciados, la salud. No a estar por encima de ellas, sino que tener la inmensa generosidad de contribuir con su sabiduría a hacer el bien al pueblo por el que se había sentido vejada cuando era niña. Cierto era también que gracias a los sistemas educativos y a las protecciones de esa nación ella había logrado convertirse en doctora. Tampoco lo olvidaba y reconocía que era una deuda que tal vez nunca llegaría a saldar. Por eso también su corazón estaba dividido y su gratitud era inmensa hacia la Madre Patria. Ahora comprendía que los pueblos no son malos, solo algunas de sus gentes.

Lo que más dolor le producía era el hecho de abandonar a Lucio y Palmira. Sabía que les estaba rompiendo el corazón, pues la querían como la hija que siempre habían deseado. Le habían ayudado a costear sus estudios de Medicina, la habían convertido en un atleta de maratón reverenciada y habían conseguido que poco a poco fuese dejando atrás todos los traumas de su niñez. El día que fueron a despedirla al aeropuerto junto con sus padres, los dos ancianos sentían un gran dolor en su corazón –más, incluso, que el de sus propios progenitores--, porque sabían que aquello era el final de una aspiración legítima y grandiosa, de la que deseaban ser partícipes, pero que sin embargo para ellos aquel anhelo vehemente se extinguiría como sus vidas, pues quién sabe si volverían a verla. Querían demostrar entereza pero al final se derrumbaron y el llanto se apoderó ellos, tanto o más que de Leticia y Mario. Cuando Lucio la abrazó por última vez y la estrechó contra su cuerpo como cuando era una niña llena de miedos y sombras, le pidió que no se preocupara por aquellos dos vejestorios, que debía seguir su camino, que ellos eran dos puntos insignificantes en el infinito --que pronto desaparecerían de la faz de la tierra-- y que ella había sido elegida para hacer el bien a mucha gente, algo por otra parte, al alcance de muy pocas personas en este mundo. Pero la doctora Ramírez le puso sus cálidas manos a ambos lados de su cara, como para fijar sus ojos en los suyos e intentar disipar de ellos el dolor que los invadía a raudales, refiriéndole una cita de las Santas Escrituras (Rut 1:16): 'No me ruegues que te deje y que me aparte de ti, porque a donde quiera que tú vayas yo iré y donde quiera que tú vivas yo viviré. Tú pueblo será mi pueblo y tu Dios será mi Dios'.

XI
LA CARTA

Cuando era joven y hacía mis prácticas periodísticas en un diario de una ciudad del norte de España me encargaron ocuparme de la sección de 'Cartas al Director', así como de realizar algún que otro reportaje, después de que les dijera que lo que yo quería no era enterrarme en un despacho, sino que escribir, crear, dar vida a historias. Y el director del periódico, buen amigo de mi familia y por lo tanto mi mentor, no me quiso quitar la ilusión de hacer aquello con lo que todo periodista recién licenciado sueña: escribir reportajes de calado social y llenar con ellos páginas enteras de papel, porque soñaba con arreglar el mundo enseguida, ya fuera denunciando las injusticias sociales o destapando algún 'Watergate' español, a través de las escurridizas notas de algún 'garganta profunda', como lo había hecho no demasiado tiempo atrás Bob Woodward en el 'Washintong Post' cuando desenmascarara, junto con Carl Bernstein, uno de los mayores escándalos de espionaje de los Estado Unidos, que condujo a la dimisión del presidente Richard Nixon en la tarde el 8 de agosto de 1974. Pero mi director, con los pies en la tierra, me había aconsejado sabiamente que me centrara en la sección que me había encomendado, el filtro de la correspondencia y la cuidada publicación de aquellas quejas, relatos o reivindicaciones que a mi juicio debieran ver la luz, para bien del periódico y de la sociedad en general.

La idea de encasillarme en aquel cometido que no me parecía muy brillante en un principio me ofuscó un poco y estuve un par de días dándole vueltas en la cabeza al asunto, pensando que si no sería más adecuado encaminar mi vida profesional en otro periódico o tal vez en la radio, pues en la época de la que les hablo todavía uno tenía la suerte de poder, en la mayoría de las ocasiones, elegir empleo. Pero al fin recapacité y decidir permanecer en aquel diario, en parte bien aconsejado por mis padres y en otra buena por no hacer un desaire al director, pues al ser éste una persona muy querida por mi familia, había recibido el encargo de mis progenitores de intentar encauzar mis primeras veleidades periodísticas, seguramente para evitar que me descarriara y me metiera en algún lío, pues conocían mi noble afición por la defensa de cualquier causa perdida, lo que sin duda, de prodigarme en ese empeño con la pluma, no me habría de traer grandes beneficios en el futuro.

Qué duda cabe que algunas personas mayores pueden estar anticuadas o sus ideales y pretensiones haberse quedado obsoletos, por aquello de que no siempre caminan a la par la edad y los cambios sociales. Pero, claro, en la vida por desgracia hay zonas grises. No todo es blanco ni negro. Y entonces lo que ha de hacer un hombre sabio es ir cogiendo retales de experiencias de aquí y de allá hasta lograr incardinarlas en sus propias creencias y pretensiones, de lo cual a veces pueden surgir modos de actuar coherentes con las aspiraciones de cada uno. Así que decidí unir los consejos paternos y del buen director a mi propia iniciativa, teniendo en cuenta que me dejaban una puerta abierta y un cierto libre albedrío para expresar y difundir mis inquietudes. Aún así durante unas dos semanas no se me asignó ningún cometido concreto, rogándome, eso sí, que fuese familiarizándome con las distintas secciones del periódico.

De todas formas mi mentor debió advertir en mí toda aquella inquietud --pues seguramente habría pasado por lo mismo en su juventud— y por el momento no volvió a hablarme de ningún tema profesional, por lo que seguí tomando contacto con todo el gran entramado que constituye la confección de un periódico de cierta tirada como aquél. A lo sumo me dedicaba los simples saludos que exige la cortesía, lo cual me extrañó bastante, pero lo atribuí a que era un hombre muy ocupado. Hasta que un buen día me llamó a su despacho y me dijo que había querido dejarme de la mano un pequeño periodo de tiempo para observar mis reacciones ante la incertidumbre en la que me encontraba, propia de toda persona que empieza y que pronto, si yo estaba de acuerdo, me relevaría del encargo de estar al lado de los redactores en las labores de la diagramación para empezar a llevar mi propia sección, aquella de la que me había hablado: 'Cartas al director'. Mientras me decía estas palabras, con la calma propia de quienes han logrado ya todo en la vida y la comprensión de quien te aprecia, pude comprobar que él buscaba en mi rostro una mueca de desagrado. Pero no la halló. Y entonces comprobé como sus facciones se relajaban, encendía con gran placer un cigarro cuyo humo yo odiaba y tuve que soportar —las leyes antitabaco tardarían todavía muchos años en llegar a España— y se reclinaba en el asiento.

El director tardó un poco en comenzar a hablar de forma pausada y sentimental. Y me dijo algo que iba a recordar toda mi vida: que para ser grande había que empezar por apreciar las cosas pequeñas. Y que no despreciara las cartas de los lectores, pues sin duda iba a aprender más de ellas que de ninguno de los políticos o científicos que tal vez entrevistaría a lo largo de mi actividad profesional. También me sorprendió cuando me aseguró que sabía que era corredor de largas distancias --a pesar de mi juventud-- y que había leído en alguna revista mis teorías sobre la discriminación de las ideas mientras uno se entrenaba en solitario por las carreteras, los campos y los bosques. Que no entendía muy bien ese proceso de la liberación de las endorfinas, porque él era un sujeto sedentario que muy de tarde en tarde iba a la piscina a nadar un poco, por lo que jamás había tenido experiencias como las que yo relataba en mis artículos. Y que le llamaba mucho la atención el proceso que yo describía, de cómo las ideas llegaban como una tormenta al cerebro mientras se corría y el proceso subsiguiente de discriminación de las mismas, cuando esas pequeñas proteínas de las que yo hablaba comenzaban a producir sus efectos euforizantes. Hasta quedarse con la cuestión definitiva --la que más pesaba en aquellos momentos— y llegar a invertir sus causas y efectos, interiorizando y asumiendo la peor de las soluciones posibles.

Cuando ya me disponía a marcharme él se incorporó un poco en su asiento, como queriendo pedirme que aguardara unos momentos más a su lado y me hizo una pregunta que no esperaba, pero a la que no me fue difícil responder. Quiso saber cómo había llegado yo a esa conclusión de seleccionar los pensamientos, quedarse con el que más fuerza tenía en aquellos momentos, trastocar su polaridad y asumir la corriente negativa del mismo. Pensó que podía ser una técnica psicológica que yo habría estudiado. Y le dije la verdad: que en realidad no lo sabía, que tal vez se tratase en efecto de alguna destreza de cualquiera de los pioneros – Wundt, Piaget, Freud, Weber...-- que habían analizado la evolución de la mente y que en mi época de estudiante me habían fascinado, pero que yo había llegado a esa conclusión por mi mismo, corriendo y corriendo en solitario y acuciado por algunos conflictos de la vida diaria, de esos a los que todo hombre o mujer tiene que enfrentarse en un determinado momento de la existencia y que no siempre toman un buen cariz. Parece que no se quedó muy convencido con la explicación y después de apostillar que se trataba de un asunto 'curioso' ese de las reflexiones mentales, me aconsejó que aplicara dicho método al caso que teníamos entre manos. Así nos despedimos.

El director no me había hecho ninguna imposición. Sólo sugerencias y yo siempre podría en el futuro pedir la responsabilidad de otra sección del periódico, una que creyera que era más acorde a mis capacidades y destrezas. A buen seguro que, aunque fuera a costa de cierto disgusto, no me la negaría. Pero mira por dónde en ocasiones la naturaleza humana es impredecible, pues mi instinto y mi curiosidad me llevaron a interesarme por aquello que me había sido recomendado con buenas dosis de sutileza. Pues tenía todavía latentes en la cabeza sus palabras de que para llegar a cosas grandes había que aprender primero de otras pequeñas y que aquellas cartas que enviaban al periódico esos seres humanos asqueados, irritados, agradecidos o simplemente contestatarios eran en definitiva una gran fuente de sabiduría sobre los entresijos que mueven la vida diaria de la compleja especie 'sapiens'. Yo no lo tenía tan claro todavía, pues dudaba que de unos trozos de papel a los que habría que corregir las faltas de ortografía en muchos casos se pudieran obtener conocimientos que sirvieran para mejorar la sociedad. Pero como mi curiosidad empezó a ser mayor que mi recelo, decidí aceptar la sección que se me ofrecía, sin que hiciera falta que una larga cabalgada por los prados, carreteras y bosque me sirviera de medio para ordenar mis ideas, como me había recomendado mi buen benefactor. Aunque confieso que cuando salí a correr sí pensé en ello, pero ya no como una contrariedad sino como en un acontecimiento provechoso y favorable que no requería por tanto de grandes elucubraciones mentales.

Así que pronto me incorporé a mi nuevo puesto de trabajo: una mesa sin lujos y poco más en aquella redacción que tenía aquél olor inconfundible a papel y tinta fresca. Con mi máquina de escribir eléctrica debía pasar a papel acotado las cartas de los lectores y lectoras que configurarían la página en cuestión, al lado de otra repleta de esquelas. Empecé a recibir todos los días un buen número de estas misivas, que debía abrir una a una y a las que tenía que realizar una somera lectura, tratando de hacer una primera selección de temas y contenidos. Y empecé a comprender todo lo que me había dicho el director: aquello era un mundo aparte de quimeras y agradecimientos, que te podía absorber o destruir. Al principio me apliqué con energía a la comprensión de todos los contenidos. Cada persona relataba su carta prolijamente y los acontecimientos desde su perspectiva particular: 'Supongo que llegar a ser alcalde de una ciudad es la máxima aspiración de usted, señor Vega, porque desde ese puesto se puede dedicar a mejorarla, a escuchar las inquietudes de sus ciudadanos para enriquecer el entorno que habitamos. Pero debo advertirle que construir la ciudad no es <construir su ciudad>...'. Una ama de casa criticaba vehementemente el abandono de los perros y gatos por la calle, así como la crueldad con los animales en general. Un docto profesor de Universidad se permitió remitir un documentado escrito sobre la transición española, argumentando que su espíritu iba poco a poco desmembrándose como se pierden al paso del tiempo las hojas de una margarita. Lo cierto es que aparecían sobre mi mesa sobres y más sobres con los contenidos más inverosímiles. Yo, como siempre, debería desechar casi toda aquella correspondencia –de la que no se acusaba recibo--, pues eran muy pocos los relatos que pasaban mi corte, ya fuese por su extensión, incoherencia de contenido, falta de actualidad o muchas más razones. De buenas a primeras me había convertido en juez y parte de un buen segmento de la sociedad entre la que convivía y en la mayoría de las ocasiones me sentía incómodo al no poder dar cumplida satisfacción a sus pretensiones, que no eran otras que las de ver su comentario con letra de imprenta en el periódico, algo que para ellos era lo más importante del mundo, en la seguridad de que con su publicación lograrían modificar alguna pauta social, influir en la conciencia de algún político o simplemente expresar su malestar por alguna injusticia, habida cuenta de que cuando uno escribe lo que le corroe y le da curso hacia la opinión pública tal parece que una parte de la rabia y desazón que atormentan a quien lo redacta también se va con las letras escritas en el papel.

Pero pasado un tiempo se apoderó de mi un cierto desencanto. Porque si bien no era falso lo que el director me había vaticinado de que ese puesto sería un gran lugar de aprendizaje, puede que, por fiel y exacto, lo fuera en exceso, pues como me implicaba mucho en los contenidos y nada podía hacer para remediar los males de la gente, empezó a carcomerme por dentro una especie de zozobra y pesadumbre que no me hacía sentirme nada bien. Hubo una temporada en que me llevé para casa las cartas que no era capaz de leer en el periódico por falta de tiempo, pensando que lo mínimo que podía hacer por esa buena gente que ponía todas sus esperanzas en nuestras manos era al menos llegar a revisar lo que escribían. Así que empecé a encerrarme más horas de la cuenta en mi estudio y un buen día mi mujer me preguntó qué era aquello tan importante que me traía entre manos. 'Leo cartas', le contesté. '¿No serán todas de amantes, no?', rió ella con desenfado. 'No, no...si yo te contara...'.

Mi esposa me veía preocupado y deseaba ayudarme. Así que un día me sinceré y se lo conté todo. Le expliqué como un trabajo que en un principio había infravalorado llegó no solo a apasionarme sino que a poseerme y dominarme, aprisionando mi vida –y veía que también la de ella— como una losa. Era una mujer inteligente y enseguida comprendió que iba a necesitar de su ayuda y comprensión para salir del callejón sin salida en el que se había metido. Por lo tanto debería diseñar un plan para salvarme de aquella situación angustiosa.

Fue así como se le ocurrió la idea de colaborar conmigo en la lectura de toda aquella correspondencia y descargarme con ello de parte de la gran responsabilidad que había asumido, pues yo devoraba las cartas escrupulosamente como buscando en cada una de ellas un motivo que justificara su publicación en el periódico, cuando cualquiera hubiera desestimado muchos textos a primera vista, ya fuera por lo inadecuado de la pretensión, la extensión de los mismos, su contenido visiblemente injurioso, su incoherencia o cualquier otra causa. Pasó el tiempo y curiosamente mi mujer también comenzó a sentirse atrapada por todo aquel mundo de novedades diarias, pues era como vivir la realidad del pueblo día a día. Yo también me sentí más reconfortado al comprobar como la escrupulosa lectura de la correspondencia la apasionaba a ella también, lo cual la ayudó a desechar la idea de que con aquel trabajo me había vuelto un tanto maniático.

Fue pasando el tiempo y ella se implicó tanto en mi trabajo que hasta llegó a clasificarme los escritos por temas y fuimos haciendo con las misivas un archivo tan bien estructurado que con cada materia bien se podría escribir un libro de éxito. Yo había recobrado la sonrisa, porque el saber que alguien compartía mi esfuerzo de buen grado y le daba la importancia que merecía reforzaba mucho mi autoestima, aparte de que mi mujer se había convertido en una excelente consejera. Por lo tanto todo marchaba por el momento sobre ruedas, hasta que un buen día llegó a sus manos uno de tantos escritos como los que recibíamos de cualquier mujer, ya fuera ama de casa, trabajadora por cuenta ajena, empresaria o tuviese tanto dinero que dedicase sus horas y días a las obras de filantropía. Lo cierto es que desde que mi mujer leyó su contenido no volvió a ser la misma:

'Señor Director: mucho le agradecería la publicación de este escrito en la sección de 'Cartas al Director' pues llevo tiempo queriendo sacar a la luz un problema que me ha tocado vivir de cerca y quisiera trasmitir mis sentimientos a la sociedad en general y en particular a una categoría concreta de hombres y mujeres. Quizás le parezca un poco ambiguo este encabezamiento, pero entenderá lo que le digo cuando lea el contenido. Le quedo muy agradecida y mi enhorabuena por el hecho de sacar a la

calle diariamente un periódico que es uno de los estandartes de la libertad de expresión en este país:

<Como cada tarde al finalizar la jornada de trabajo me dirijo a mi dulce hogar y tras hacer algunas tareas en la casa y dejar todo preparado para la cena, me dispongo a ponerme las mallas, calzarme las zapatillas de correr y a permitir que mi cabeza se libere con el entrenamiento, dejando el estrés clavado en el asfalto y las preocupaciones volando al viento. Pero justo antes de salir a la puerta suena el teléfono. Tengo un mal presentimiento, como si percibiese que el día se iba a torcer y que mi tarde de 'running' quedaría suspendida en el tiempo. Intuyo que es mi abuela Nieves quien me llama. Tiene 80 años, es bajita y algo gordita. Su pelo está canoso y posee una mentalidad muy machista --pase lo que pase para ella la razón siempre la tendrá un hombre, su nieto Sebastián--, aunque es risueña y buena con todo el mundo. Sufrió mucho durante su matrimonio. Así que cómo no cogerle el teléfono al dulce y bello corazón que me vio crecer. Tas el auricular suena una voz rota, resquebrajada y en mi interior me lamento: '¡Otra vez no…!'.

Pero sí, era cierto. Nuevamente Ricardo, mi padre, se halla bajo el embrujo del alcohol, desvariando y dando tumbos por toda la casa. Es un bohemio o como él dice 'un caminante', porque siempre que hay algún problema preparaba su petate y toma cualquier rumbo, huyendo del mismo. Tiene 56 años, es delgado, está medio calvo y en el fondo tiene buen corazón, pero su perdición es el alcohol.

También al parecer mi hermano Sebastián se ha levantado con el 'mono' de sustancias alucinógenas, de las que dice que 'te hacen ver la vida de otra manera' y por las que se encuentra dominado. Tiene 25 años, es rebelde, se ha rapado la cabeza y le gusta fumar 'porros'. Se levanta siempre de mal humor y dando voces. Tiene poder sobre mi abuela y hasta hace unos años también lo ha tenido sobre mí. Le gusta arreglar las cosas a través de la violencia, arremetiendo contra cualquier objeto o persona que se le ponga por delante. Esa es una de las razones por las que Nieves ha recurrido también al alcohol como último remedio.

'¿Tienes algo que hacer?. ¡Por favor, ven…¡te necesito…!', me implora con voz temblorosa mi abuela. Y no se lo puedo negar, pues, aunque en aquellos precisos momentos mis pies sientan ganas de correr y mi alma ansias de libertad, mi corazón me dice que debo atender el requerimiento con presteza. Así que emprendo sin dilación el camino hacia la casa que yo digo que tiene paredes de cárcel, pues para mí eso es lo que fue a lo largo de 18 años. Llego a la puerta y ante esas mismas paredes que tanto dolor ocultan y puedo sentir como mi corazón se oprime y se aceleran sus latidos. Escucho las atronadoras voces desde varios metros antes sin ni siquiera llegar a penetrar en la vivienda. Me duele por mi abuela Nieves y por ese ser llamado 'padre', al que podría denominar también 'el vagabundo de mi corazón', por tantos momentos en los que estuvo y está ausente.*

Nada más atravesar la puerta me encuentro con un panorama de terror. Ricardo, tirado sobre una cama, profiere unos alaridos que se clavan en mi alma como puñaladas. Nieves, sentada en el sofá, como de costumbre está viendo su habitual telenovela, cigarrillo en mano y con el vaso de vino escondido bajo la mesa. Aunque es inútil que intente ocultarlo pues al inclinarme para darle dos besos detecto un penetrante olor a alcohol. --Por suerte mi hermano Sebastián ya se ha marchado--. Así que tras sermonearles en tono de reprimenda, darles algo de comer y dejar a Ricardo dormido me tomo un café y pongo rumbo a mi dulce hogar, donde en unos instantes me recibirá con un abrazo mi marido, rebosante de amor y comprensión.

Se ha hecho tarde, pero aún así salgo a correr, pues es lo que necesito para librarme de las tensiones. Esa será mi recompensa, correr y pensar. Y así sucede, pues cuando mis pies se ponen en movimiento mi cuerpo empieza a sentir como el viento esculpe mi figura y mi alma se va impregnando de libertad. Mientras disfruto del asfalto ordeno todos mis pensamientos e intento encontrar una explicación para las actitudes de Nieves, Ricardo y Sebastián, pero no hallo ninguna. Aunque tiene que existir alguna. Cualquier psiquiatra o psicólogo la encontraría. Pero yo no soy capaz, quizás porque ya he sufrido demasiado. Así que me pongo en paz conmigo misma y después me siento a gusto, con la satisfacción del deber cumplido, de la obra de caridad bien ejercitada.

Aunque me cueste trabajo comprender tanta agresividad, sé que en parte está producida sin duda por el hecho de tener el alcohol como única salida. Además tengo en el horizonte la perspectiva de una cena agradable —será una sorpresa--, llena de amor y sonrisas, para después acostarme entre los brazos de ternura de mi amado, con la mente en blanco, para que la noche borre todo lo malo ocurrido en ese día.

El estar en los brazos de mi ser querido hace que me sienta protegida, pero tardo en conciliar el sueño —como me temía--, porque mi mente sigue dando vueltas a lo ocurrido por la tarde y, más aún, remueve el pasado, pues comienza a hacerme recordar todo lo que sufrí de pequeña dentro de las paredes de aquella casa, tan bonitas por fuera y tan horribles por dentro. Toda la agresividad de Sebastián, al principio verbal y con el paso de los años también física. Se me pone un nudo en la garganta e intento pensar en otra cosa, pero me es imposible: cierro los ojos y me veo a los doce años sintiendo como una mano deja marcada mi cara y brotan mis lágrimas, sin entender nada. Ya había hecho los deberes, limpiado la casa, recogido la cocina y no sé cuantas cosas más... '¡No vales para nada --había tenido que escuchar--, eres una inútil, eres...!', por el simple hecho de que una camisa estaba sin planchar. Pero no puedo seguir recordando el pasado, porque esa evocación me está produciendo mucho dolor. Así que abro súbitamente los ojos y me abrazo con fuerza a mi amor, pues necesito volver a la realidad y ser consciente de que todo eso ya terminó, de que nunca más Sebastián me pondrá la mano encima, de que ya no tendré que escuchar esas frases agresivas y malsonantes que durante años se clavaron como puñales en mi alma. Y compruebo que conmigo está el ser más tierno y sensible que existe —nunca le falta una sonrisa o una palabra bonita para mí--, que ahora mismo me abraza, cuerpo con cuerpo, alma con alma. Al verme sobresaltada comienza a acariciar suavemente mi cabeza y puedo notar como poco a poco mis ojos se cierran y mi mente se va quedando en blanco hasta que concilio en sueño.

A la mañana siguiente hago las primeras tareas por casa y después encuentro un hueco para salir a correr. Despacio al principio, mientras el cuerpo va entrando en funcionamiento y después un poco más rápido. Pasado un tiempo rompo a sudar, el organismo ya parece funcionar mejor y mi mente comienza a elucubrar. Vuelven a ella todas las imágenes hirientes del día anterior, de los años anteriores, de toda una vida...¡Basta ya!, me digo. ¿Quiénes os creéis que sois los maltratadores para ponerle la mano encima a una mujer?. Creéis que todo va a ser como deseáis vosotros porque sembráis el miedo y agredís, pero os equivocáis, porque solo sois unos cobardes que no sabéis arreglar las cosas de otra manera, solo haciendo daño. Y encima pensáis que sois felices, pero estáis equivocados porque vosotros sois los primeros infelices, porque necesitáis pegar a una mujer para sentiros hombres, para percibir que tenéis poder. Y digo yo: ¿qué poder?, si solo sembráis miedo, dolor, daño y maldad...No sois hombres, más bien animales. Bueno, tampoco animales, porque hasta éstos tienen corazón, algo que vosotros ni siquiera sabéis que existe, pues desde el primer momento en que pegáis a una mujer éste se escapa de vuestro cuerpo y muere. Algo así ocurre con vuestra alma, con vuestra sensibilidad --que no sabéis lo que es-- y con vuestra credibilidad, pues siempre estáis inventando mil excusas y mil perdones: 'Nunca lo volveré a hacer...perdóname, no quería hacerte daño...no sé qué me paso, lo siento...'. Todas excusas baratas. Se calla por miedo, pero no se creen esas palabras llenas de mentiras y simplemente es la venda del terror, que lo puede todo, la que nos hace contenernos ante ese mal que sembráis. Una llega hartarse hasta de vuestro nombre --que ni siquiera os merecéis--, de que os creáis mejores que las mujeres por el simple hecho de ser hombres, de ver como cada año mueren miles de mujeres en vuestras manos y no se nos protege adecuadamente, de que creáis que pegando, insultado y faltando al respeto a los demás arregláis las cosas...Pero yo estoy segura de que nosotras terminaremos ganando la lucha contra el maltrato físico y psicológico.

Sigo corriendo por una carretera bastante despoblada. Fue esa soledad –quizás la de la corredora de fondo— la que me hizo volver a reencontrarme con todo mi pasado y con el reciente episodio de Nieves, Ricardo y Sebastián. Por fin consigo apartarlos de mi cabeza y sigo adelante, mientras la estrecha calzada que conduce mis pasos penetra, serpenteante, en una zona arbolada. Ahora el bosque continental me rodea y puedo pisar las hojas otoñales de los castaños que se arremolinan por los arcenes, lo cual me produce una sensación maravillosa.

Corro así dos o tres kilómetros más, extasiada por la belleza que me rodea, mientras un sentimiento de plenitud y felicidad me embarga. Pero es una sensación pasajera, porque no hace mucho que he revivido todo el terror del pasado y ahora quiere volver a salir a flote. Así que no puedo evitar que de nuevo unos sentimientos catastróficos se instalen en mi cabeza. ¿Por qué las personas buscan refugio en el alcohol y otras drogas?. Claro está el alcohol está muy a mano para todo el mundo, es asequible, hasta suele estar en ocasiones bien visto socialmente. Pero otra cosa es refugiarse en él para evitar enfrentarse a la vida, para intentar escapar de los problemas. Al principio la gente cree que lo domina, pero poco a poco la va poseyendo sin que se de cuenta. Es lo que le pasó a Ricardo, que no quiere darse cuenta de la verdad. Él no sabe lo que me duele verlo postrado en el suelo, sin apenas movilidad, para después acostarlo y arroparlo como si de un niño pequeño se tratase, año tras año. A mí me entristece el alma, pero él no se da cuenta de que está enfermo y de que por sí solo no será capaz de abandonar el alcohol. Yo llevo diciéndoselo mucho tiempo y siempre recibo promesas: duran dos o tres días a lo sumo, pues enseguida vuelve a caer en las garras de la bebida y lo estropea todo. Eso me decepciona y me defrauda continuamente, hasta que casi no puedo soportarlo ya. ¡Basta ya...!. Deseo que no prometa nada que no vaya a cumplir. Prefiero llorar desde el principio que derrumbarme después por una promesa incumplida. Llevo años así...Quizás deba hacerme a la idea de que es imposible que cambie. No sé si podré soportar el ver como diariamente su salud empeora y se hace daño a sí mismo y a los demás....

He llegado corriendo hasta una fuente donde el agua sale cristalina y fresca por un tubo de bronce, mientras los pájaros revolotean en los grandes laureles silvestres que la rodean. Pongo mis labios sobre el chorro del líquido puro y diáfano, que me sacia, reanima y hasta parece que me tonifica al entrar en mi cuerpo. Y en ese entorno de belleza inigualable mi mente parece regenerarse de tanto pensamiento negativo y comienza a emitir señales distintas que me reconfortan. No podré cambiar los hechos de este mundo, no conseguiré modificar esas conductas, pero yo seguiré intentando ser buena persona para ayudar siempre a quienes me necesitan, aunque me cueste trabajo perdonar, aunque nunca llegue a entender esos comportamientos...Y de regreso a mi casa me sentí muy bien porque había empezado a tener ideas claras. Así fue como por aquella carretera desamparada tomé la decisión de enviar todos estos pensamientos en forma de carta a su periódico, porque puede que no arregle nada con ello, pero también pienso que su difusión podría servir de ayuda a quienes lo lean y hayan pasado por mi misma situación. Espero no haberme extendido demasiado. Le queda agradecida, Sangreletra.>'. (Firma ilegible, nombre y apellidos, número de carné de identidad).

El día que mi mujer tuvo ocasión de leer esta carta yo estaba a su lado y percibí un cambio en su estado de ánimo. Pude advertir como su rostro se agrietaba y se ensombrecía por momentos. Pasó largos minutos –que parecieron horas—callada y taciturna y después me dijo que tenía que salir a comprar algunas cosas para la casa. '¿Todo va bien?', le pregunté. 'Sí, si...no te preocupes', me contestó lacónicamente. Al poco rato se levantó y se dirigió al archivador en el que teníamos clasificadas las cartas sobre 'temas de contenido humano', abrió el cajón y pareció dejarla allí. Después abandonó ese pequeño estudio que teníamos dentro de la casa y en el cual nos encerrábamos los dos como cómplices que éramos a la hora de juzgar el destino de las aspiraciones de una serie de hombres y mujeres que ponían en el periódico una esperanza quizás desmedida, pues muchas veces sus súplicas y peticiones de poco servían como no fuera para alentar la curiosidad diaria del nada selecto club de cotilleos. A la hora de la verdad esas quejas, opiniones o reprimendas poco alteraban el sueño de políticos o instituciones. Así que cuando la vi salir con el coche en aquella mañana soleada me fui raudo al archivo en el que debiera haber depositado lo que estaba leyendo. Revisé el compartimiento donde tenía que estar clasificado el escrito, lo cual no era difícil, pues bastaba con irse al final de lo que había sido depositado allí ese día. No la encontré. Así que deduje que tal vez su contenido estuviera referido a temas municipales o a otros similares y rebusqué al final de todos los archivos. Pero no estaba. Sin duda había cambiado de opinión y se la había guardado en el bolsillo. Pero, ¿por qué razón?. Era algo extraño que no hubiese dejado los folios en su registro correspondiente o, cuando menos, encima de la mesa. Me imaginé que me lo explicaría más tarde...

Pasaron los días y no volvió a hablarme de la carta. Ni tan siquiera tuvo la menor intención de mostrármela. Yo tampoco le pregunté por el documento en cuestión. La quería, confiaba en ella y sabía que tarde o temprano me hablaría del asunto. Aunque debo reconocer que me desconcertó el hecho de que a partir de entonces siempre buscó alguna excusa para no acompañarme en la lectura de la correspondencia epistolar. Dolor de cabeza, tareas pendientes en la casa, tener que realizar compras inaplazables...Al mismo tiempo pareció entrar en una profunda depresión y deambulaba por la casa taciturna y ojeriza, desmejorada y abatida. Ella que siempre había sido mi soporte, sobre todo en los momentos malos, ahora se tambaleaba y tenía que ser yo, inusualmente, quien intentara llevar el rumbo. Además nuestra relación sexual se resintió sobremanera. Hasta el día en que leyó aquel papel éramos felices, disfrutábamos de nuestros cuerpos y no teníamos reparos en entregarnos a la impudicia en cualquier momento o lugar. Ahora ella me rechazaba, delicadamente, pero me rehuía. Y yo no quería hacerle daño, atosigarla, porque veía perfectamente que estaba sufriendo, que algo o alguien estaba infringiendo un mal terrible a su cuerpo y su espíritu.

Pero como no sabía a qué podría obedecer aquél rechazo, confieso que también comencé a entrar en crisis. Dejé casi de comer y fui presa del desasosiego más absoluto. La pulcritud con que llevaba a cabo mi trabajo también se resintió y ahora ya no atendía a los problemas de las buenas gentes con la equidad con que lo había hecho siempre, sino que era incapaz de concentrarme en los problemas de los demás, ya que continuamente daba vueltas en mi cabeza una sola pregunta: ¿cuál podría haber sido el contenido de la maldita carta para producir un cambio tan grande en mi mujer?. ¿Tendría acaso un amante?. ¿La estaría extorsionando?. ¿Estaría enamorada de él y por eso no quería mantener relaciones íntimas conmigo?. Era para volverse loco. No podía pensar, no era capaz de razonar. Así que durante muchos días apenas leí la correspondencia que me enviaban los lectores y lectoras del periódico y publicaba --en función del espacio disponible-- sólo aquellas cuyo tema a simple vista parecía interesante, sin preocuparme de si habría otras que merecerían un mejor tratamiento informativo. Y por supuesto dejé de archivarlas: todas las que desechaba se iban directamente a la papelera. Ya no me hacía falta traerlas a mi casa para su estudio, pues ahora por el contrario me sobraba tiempo en el periódico...

Harto de todo aquello y de ver cómo perdía a mi mujer, decidí retomar mi afición de salir a hacer largos entrenamientos aeróbicos de carrera continua, práctica que había abandonado temporalmente precisamente por el hecho de verme atrapado por mi trabajo hasta límites insospechados. Así que una de aquellas interminables mañanas me calcé las zapatillas y salí a trotar. Enseguida abandoné los vericuetos de la ciudad y me adentré en una zona de bosque y floresta, donde los rayos del sol penetraban a través de los árboles fugazmente, dibujando en la carretera luces y sombras en una amalgama de tonos que resultaba reconfortante para el espíritu. El olor penetrante de la vegetación en el abril continental también era como un bálsamo para los sentidos. Así pues el ambiente se presentaba inmejorable para correr y pensar. Y yo necesitaba ordenar mis ideas imperiosamente. Por eso vino a mi memoria lo que había leído en un libro que había escrito un amigo mío:

'¿Quieres solucionar un problema que te atormenta?. Sal a correr. Elige un trazado en el que goces de cierta intimidad. Déjate llevar por tus sensaciones. No fuerces el ritmo. Tampoco intentes reflexionar. Cuando pase un tiempo la cuestión que te inquieta surgirá en tu pensamiento por sí sola, así de repente, sin aparente esfuerzo, porque te oprimía tanto que no le ha costado mucho trabajo aflorar. Entonces debes empezar a reconstruir el jeroglífico desde la base, punto en el que se hallará la peor de las soluciones posibles. Una vez asumida y admitida la existencia de esa posibilidad – la que nunca desearías--, intenta reconocer que puedes llegar a encontrarte en ella. Piénsalo unos instantes, interiorízalo, pero no te detengas demasiado tiempo en ese estadio de relativo infortunio. Pasa rápidamente al siguiente, que será el de la búsqueda de otras soluciones mejores. Intenta encontrarlas, una tras otra. Y ordénalas, si eres capaz, desde la peor hasta la mejor. Después deja que tu mente trabaje sólo con esta última. Que la perfeccione, entrando en los detalles y en los matices. Ahora bien, si no la encuentras deberás retornar a la que antes ya has interiorizado, la mejor de las peores.

¿Por qué se consigue mejor esto corriendo en solitario?. Porque las ideas fluirán en tu mente, en medio de las llanuras o los bosques y sin darte cuenta tú las irás desmenuzando. Es automático...Resolverás con mucha más facilidad un mismo dilema cuando entrenas que cuando te sientas en tu casa, constreñido por sus paredes y rodeado de las mismas rutinas diarias. Porque, al aire libre, te encontrarás con tú propio yo, que se funde con la Naturaleza. Tienes, en ese momento, la facultad de desplazarte de un sitio a otro sin medios mecánicos, utilizando sólo tú propio cuerpo, inmerso en una magnífica elucubración mental. Y compruebas con satisfacción que tienes el control... Cuando llegues de nuevo a tu casa, ya bajo la ducha, te sentirás un hombre --o una mujer-- distinto y con la fuerza suficiente para resistir, que a la postre será vencer'. ('Historias de la Maratón, los 100 km. y otras largas distancias'. Cajastur. Oviedo, 2011).

Estaba decidido. No podía seguir así por más tiempo. Hablaría con mi mujer y afrontaría lo peor. Es probable que desease marcharse de casa o que me pidiese que me fuera yo. Estaba dispuesto a solucionarlo todo como amigos, sin herirla, sin perjudicarla. Yo siempre la había querido con toda mi alma. Las personas cambian --era consciente de ello— y ni el amor ni la pasión son infinitos. Me haría cargo de la situación y con el dolor de quien lo entrega todo a otra persona y no se siente correspondido intentaría reconducir mi vida.

Así que cuando llegué a casa sudando profusamente después de haber desmenuzado mi vida por las carreteras, caminos y bosques me fui directamente hacia ella y le hablé pausada y suavemente, sin intentar lastimarla, no esperando su comprensión --porque yo casi lo daba todo por perdido--, sino que sólo una explicación. Ella rompió a llorar y cayó en mis brazos. La así contra mi cuerpo, la estreché como no lo había hecho nunca y pude sentir los latidos de su corazón acelerado. '¡No puedo resistirlo más --me dijo--. Debes saber algo de mi vida que nunca te he contado..!'. Mientras yo la besaba y acariciaba su cabello ella me fue explicando entre sollozos como había tenido una infancia terrible y que esa parte de su vida siempre estuvo latente en su mente, aunque después había conseguido aparcarla en lo más recóndito de su subconsciente por un tiempo. Pero ahora al leer la carta de aquella mujer en la que hacía una descripción tan exhaustiva de la violencia de género, los viejos espectros habían vuelto a instalarse en su cabeza y no era capaz de librarse de ellos.

Mientras se hallaba abrazada a mí y me decía todo aquello yo intentaba facilitarle el diálogo con palabras dulces, con una calidez de un amante tierno, pero mi desazón era enorme. ¿A donde querría ir a parar?. Lo sabría enseguida. Se apartó un poco de mí y fijó su mirada en la mía. 'Lo que voy a decirte puede que te haga daño', me advirtió. 'Estoy preparado', le dije sin acritud y con entereza. Y entonces comenzó a relatarme como su padre --fallecido tiempo atrás-- era alcohólico y la había sometido a abusos sexuales desde su infancia y durante largo tiempo. Su madre había intentado protegerla, pero los golpes del hombre y el miedo al escándalo habían pesado más que su afán de justicia. Así que fueron transcurriendo los años en medio de aquel infierno, en medio del terror más absoluto, sin que ella entendiera nada, ni siquiera por qué ni para qué vivía. Su madre no pudo resistirlo más y, a pesar de su deseo de protegerla, intentó quitarse la vida varias veces ingiriendo barbitúricos, pensando que así los servicios sociales se harían cargo de su hija. Pero no murió a consecuencia de una intoxicación farmacológica, pues fue el cáncer quien, implacable, se la llevó un tiempo después. Así fue como un día una asistente social del Ayuntamiento fue a visitar la casa, alertada por sus continuas ausencias del colegio y la vida desordenada que los vecinos veían llevar a su padre. Y siguió refiriéndole como al poco tiempo ya estaba con una nueva familia, que fue la que le dio su cariño y pagó después sus estudios universitarios.

Nunca más había vuelto a ver a su padre. Ni siquiera cuando murió regresó a la casa en la que le habían robado la dignidad como ser humano. Desde el fallecimiento de su madre había sufrido todo aquello en silencio, sin una frase de aliento, sin una palabra de duelo por parte de nadie hasta el día en que la policía se hizo cargo de ella para conducirla a un hospital. Cuando a menudo en la casa de su padre se preguntaba por qué le ocurría todo aquello debía enfrentarse a la realidad de los hechos en medio del desamparo más absoluto y era frecuente verla llorar a escondidas. Por eso después los psicólogos del hospital habían tardado tanto tiempo en conseguir que se volviese a reencontrar consigo misma. '¿Lo ves?. ¡Es horrible, horrible...!', gimió mientras apretaba mi cuerpo. 'Lo fue pero ya no lo es...', le dije pausadamente mientras yo tomaba su rostro descompuesto y surcado por torrentes de lágrimas. 'Te quiero y siempre estaré a tu lado. Lo solucionaremos entre los dos...'. Y sus cuerpos se fundieron más todavía, como si ambos tuviesen una sola alma y así permanecieron largo rato. Unos días más tarde la carta salió publicada en el periódico. La brecha abierta entre el consciente y el subconsciente parecía que se había cerrado. ¿O tal vez no?.

FIN